LIBRI I GATIMEVE ME RRËNJË PERIMET

Përvetësimi i kuzhinës së perimeve me rrënjë përmes 100 recetave

Sindi Mici

Materiali i autorit ©2024

Të gjitha të drejtat e rezervuara

Asnjë pjesë e këtij libri nuk mund të përdoret ose transmetohet në çfarëdo forme apo mjeti pa pëlqimin e duhur me shkrim të botuesit dhe pronarit të së drejtës së autorit, përveç citimeve të shkurtra të përdorura në një përmbledhje. Ky libër nuk duhet të konsiderohet si zëvendësim i këshillave mjekësore, ligjore ose të tjera profesionale.

TABELA E PËRMBAJTJES

TABELA E PËRMBAJTJES..3

PREZANTIMI..8

SELINO..9

1. SUFLE ME SELINO DHE DJATHË....................................10

2. SUPË ME SELINO DHE MOLLË ME ARRA TË GRIMCUARA......13

3. SHNIZEL DERRI ME REMOULADE SELINO........................15

4. RIZOTO ME HUDHËR ME THAJL....................................18

5. KREM SUPË ME MIDHJE ME SHAFRAN...........................21

PARSNIP...23

6. KROKETA ME ORIZ KAFE, BAJAME DHE PERIME...............24

7. GJELI I DETIT ME CHARD SWISS DHE PARSNIP.................27

8. PJESHKË DHE TORTË ME MAJDANOZ PËRMBYS...............29

9. GARBANZO PARSNIP GNOCCHI ME SHEGË.....................32

10. SKUQJE ME MAJDANOZ DHE KARROTA........................35

11. SUPË DIMËRORE ME MAJDANOZ.................................37

RUTABAGA..39

12. PASTA BBQ...40

13. R UTABAGA MERAK ME PATATE..................................42

14. ZIERJE VIÇI ME PERIME ME RRËNJË.............................44

15. SUXHUK GJELDETI ME PERIME ME RRËNJË...................46

16. SUPË E PASUR ME GULASH HUNGAREZE......................48

17. PJEKJE ME HIKËRROR ME PERIME ME RRËNJË...............50

18. LEVREKU ME PERIME ME RRËNJË TË PJEKURA..............53

19. ZIERJE VIÇI MISHNGRËNËS ME PERIME RRËNJË............55
20. SUPË ME TAPIOKË DHE PERIME TË VJESHTËS...............58
21. SALLATË E COPËTUAR E FERMENTUAR ME RUTABAGA............60
22. PULË E VJESHTËS DHE PERIME ME RRËNJË...............62
23. FESTIVALI I VJESHTËS CHOWDER TURQISË................65
24. QENGJI DHE PERIMET ME RRËNJË..................67
25. SUPË ME BISHT KAU ME RUTABAGA....................69
26. PATATE BEGEDIL.......................71
27. KORRJA E PERIMEVE DHE QUINOAS.................74
28. KLASIK POT-AU-FEU............................76
29. KAFSHIMET E PROSHUTËS ME DJATHË..................79

RREPA......................................81
30. TAVË ME RREPË DHE QEPË..........................82
31. VERË E RREPËS MAGJISTARE...........................84
32. RREPË TË ZIERA PËR DITËN E FALENDERIMEVE.............87
33. SUPË TAJVANEZE ME TORTË ME RREPË...................89
34. PËRZIERJE-GJELBËRIME ME FRITTERS RREPË..............92
35. HURMA & DAIKON TEMAKI........................94
36. SNOW PEA SHOOT DAIKON ROLLS......................96

RREPEK....................................98
37. PULË E PJEKUR YUZU ME SALCË JAPONEZE...............99
38. PESHKU I ZIER ME AVULL..........................101
39. RIZOTO JAPONEZE ME KËRPUDHA......................103
40. PULË E PJEKUR ME PESTO FËSTËK....................105
41. PICA E FRESKËT E KOPSHTIT........................108
42. SUPË KREMOZE ME RREPKË...........................110

43. SUPË PIKANTE ME RREPKË DHE KARROTA...........112
44. SUPË ME RREPKË DHE PATATE......................114
45. SUPË ME ZARZAVATE ME RREPKË....................116
46. SUPË ME RREPKË TË FTOHTË........................118
47. SUPË ME RREPKË DHE PANXHAR.....................120
48. SUPË ME RREPKË DHE DOMATE......................122
49. SUPË ME KERRI ME RREPKË DHE KOKOS.............124
50. SUPË ME RREPKË DHE SPINAQ......................126
51. SUPË ME RREPKË DHE KËRPUDHA...................128
52. SALLATË ME PATATE TË PJEKURA DHE PROSHUTO....130
53. SALLATË ME SHALQI ME MIKROGJELBËR RREPKË......132
54. ME MIKROGJELBËRIME DHE BIZELE BORE.............134
55. SALLATË PRANVERORE ME MIKROGJELBËR...........136
PAXH..138
56. PANXHAR HASH ME VEZË............................139
57. PICA PËR MËNGJES ME KORE PANXHARI..............141
58. B EET CHIPS......................................143
59. PANXHARI I KOPRËS DHE HUDHRËS..................145
60. SALLATË ME MEZE ME PANXHAR.....................147
61. VARKAT E PANXHARIT..............................149
62. PANXHAR FRITTERS................................151
63. PANXHAR I MBUSHUR..............................153
64. SKUMBRI SPANJOLL I PJEKUR NË SKARË ME MOLLË DHE PANXHAR...155
65. RIZOTO ME PANXHAR...............................157
66. RRËSHQITËSE PANXHARI ME MIKROGJELBËRIME......159

67. KARKALECA ME AMARANT & DJATH DHIE....................161
68. FISTON TË PJEKUR NË SKARË ME NJË SALCË PANXHARI TË FRESKËT...164
PATATE E EMBEL..166
69. FRITTATA ME PATATE DHE SPINAQ..............................167
70. TAS MËNGJESI ME PATATE TË ËMBLA........................169
71. TAVË MËNGJESI ME PATATE TË ËMBLA DHE SALLAM....171
72. BISKOTA PËR MËNGJES ME PATATE TË ËMBLA.........173
73. TAVË PËR MËNGJES ME PATATE TË ËMBLA DHE PROSHUTË....175
74. TAS ËMBËLSIRASH ME PATATE TË ËMBLA..................177
75. TAS BURRITO PËR MËNGJES ME PATATE TË ËMBLA...179
76. CEVICHE PERUANO...181
77. FRITTERS SWEET-PATATE GINGERED.........................183
78. KAFSHIMET E PATATES SË ËMBËL MARSHMALLOW....185
79. PATATE TË ËMBLA TË MBUSHURA................................187
80. PATATE TË ËMBLA TEMPURA.......................................189
81. TEMPURA E GJELIT DHE PATATES SË ËMBËL.............192
82. S NACHOS ME PATATE TË NJOMA................................194
83. PATATE TË ËMBLA TË PJEKURA....................................196
84. ERËZA ME KERRI..198
85. BBQ PATATE TË ËMBLA CRISPS....................................200
86. RRUMBULLAKËT E PATATES SË ËMBËL.......................202
87. RRËSHQITËS TË GJELIT ME PATATE TË ËMBËL...........204
88. TACOS TINGA ME PATATE DHE KARROTA TË ËMBLA...206
89. QOFTE ME THJERRËZA DHE ORIZ................................208
90. TAVË ME PATATE TË ËMBËL MARSHMALLOW............210

91. TAVË ME PATATE TË ËMBLA CORNFLAKE...................212
92. FASULE, BUKË MELI ME PATATE TË ËMBLA...................214
93. GNOCCHI ME PATATE TË ËMBËL ME PESTO RAKETË...............216
94. GNOCCHI ME GËSHTENJË DHE PATATE TË ËMBËL..............219
95. GNOCCHI ME PATATE DHE KARROTA.....................223
ANGJINARJA E JERUZALEMIT......................................226
96. KARPAÇIO VEGJETARIANE.................................227
97. ANGJINARJA E JERUZALEMIT ME SHEGË..................229
98. KOKTEJ ANGJINARJA CILANTRO..........................231
99. PULË E PJEKUR ME ANGJINARJA E JERUSALEMIT............233
100. LASAGNA ME SPINAQ DHE PATATE TË ËMBLA...............236
PËRFUNDIM..239

PREZANTIMI

Mirë se vini në "LIBRI I GATIMEVE ME RRËNJË PERIMET", udhëzuesi juaj gjithëpërfshirës për të zotëruar artin e kuzhinës me perime rrënjë përmes 100 recetave të shijshme. Ky libër gatimi është një festë e botës së larmishme dhe ushqyese të perimeve me rrënjë, duke ju udhëhequr përmes një udhëtimi kulinar që eksploron shijet, teksturat dhe shkathtësinë e tyre. Bashkohuni me ne ndërsa fillojmë një aventurë gatimi që i ngre rrënjët e përulura në përsosmëri kulinare.

Imagjinoni një tryezë të stolisur me perime të pjekura të gjalla, zierje të shijshme dhe pjata krijuese—të gjitha të frymëzuara nga mirësia tokësore e perimeve me rrënjë. "The I Root Veggies Cookbook" nuk është thjesht një koleksion recetash; është një eksplorim i përfitimeve ushqyese, shumëllojshmërisë sezonale dhe mundësive të kuzhinës që ofrojnë perimet me rrënjë. Pavarësisht nëse jeni një kuzhinier me përvojë në shtëpi ose sapo filloni udhëtimin tuaj të kuzhinës, këto receta janë krijuar për t'ju frymëzuar që të përfitoni sa më shumë nga thesaret nëntokësore të natyrës.

Nga perimet klasike me rrënjë të pjekura deri te pjatat inovative me majdanoz, panxhar, karota dhe më shumë, çdo recetë është një festë e shijeve tokësore dhe pasurisë ushqyese që perimet me rrënjë sjellin në tryezën tuaj. Pavarësisht nëse po planifikoni një darkë familjare ose po kërkoni të shtoni shumëllojshmëri në vaktet tuaja me bazë bimore, ky libër gatimi është burimi juaj i preferuar për të zotëruar artin e kuzhinës së perimeve me rrënjë.

Bashkohuni me ne ndërsa gërmojmë në potencialin kulinar të perimeve me rrënjë, ku çdo krijim është një testament për diversitetin dhe përshtatshmërinë e këtyre perlave nëntokësore. Pra, vishni përparësen tuaj, përqafoni mirësinë natyrore dhe le të fillojmë një udhëtim të shijshëm përmes "Librit të gatimit për perime rrënjësore".

SELINO

1.Sufle me selino dhe djathë

PËRBËRËSIT:
- 1¾ filxhan selino, të qëruar dhe të prerë në kubikë
- 2 vezë me rreze të lirë
- ½ filxhan qumësht gjysmë i skremuar 2% yndyrë
- 1 luge miell misri
- 4 lugë djathë të pjekur gjysmë yndyrë, të grirë
- 2 lugë gjelle parmixhan të grirë imët
- ¼ lugë çaji arrëmyshk i sapo grirë
- ¼ lugë çaji kripë deti, e ndarë
- ¼ lugë çaji piper i zi i sapo bluar
- 2 spërkatje me spërkatje vaj ulliri

UDHËZIME:
a) Ngrohni furrën në 170C Fan, 375F, Gas Mark 5. Lyeni me yndyrë pjesën e brendshme të 2 ramekinëve të papërshkueshëm nga furra dhe vendosini në një enë pjekjeje.
b) Qëroni selinonë dhe e prisni në copa. Shtoni këtë dhe ⅛ lugë çaji kripë në një tenxhere me ujë të vluar dhe gatuajeni për 4-5 minuta derisa të zbuten.
c) Kullojeni selinonë dhe purenë në një mini-përpunues ushqimi derisa të jetë e qetë, më pas transferojeni në një tas.
d) Nëse nuk keni një mini përpunues ushqimi, thjesht grijeni selinonë në një tas me një pirun derisa të jetë e qetë.
e) I rregullojmë selinonë me kripë, piper dhe arrëmyshk të sapo grirë. Grini djathin dhe përzieni.
f) Ndani vezët, vendosni të bardhat e vezëve në një tas të pastër dhe vendosni të verdhat në tasin me selino.
g) Rrihni të verdhat e vezëve në purenë e selinos dhe lërini mënjanë.
h) Lyejeni miellin e misrit me qumështin dhe masën e derdhni në tenxhere.
i) Ngroheni mbi nxehtësi mesatare, duke e trazuar gjatë gjithë kohës, derisa salca të trashet, më pas gatuajeni edhe për një minutë tjetër.
j) I shtoni salcës 5 lugë gjelle nga përzierja e djathit të grirë dhe e trazoni derisa të shkrihet. Mos u shqetësoni se salca juaj është shumë

më e trashë se sa do të ishte një salcë derdhjeje, kjo salcë e trashë është konsistenca e duhur për të bërë sufle.
k) Palosni salcën e djathit në përzierjen e selinos.
l) Vendoseni kazanin në një çiban.
m) Duke përdorur një kamxhik të pastër, rrihni të bardhat e vezëve derisa të formojnë maja të forta, por mos i rrihni.
n) E bardha e vezës duhet të jetë e fortë dhe majat të mbajnë formën e tyre pa mbetur e bardhë e lëngshme.
o) Përdorni një shpatull ose lugë metalike dhe vendosni 1 lugë gjelle në përzierjen e selinos për ta lehtësuar atë.
p) Më pas shtoni gjysmën e mbetur të bardhë të vezës në përzierjen e selinos.
q) Me një prekje të lehtë, palloseni shpejt brenda, duke e prerë përzierjen dhe duke e kthyer përmbys, derisa gjithçka të jetë e kombinuar mirë, por ende e lehtë dhe e ajrosur.
r) Përsëriteni me të bardhën e mbetur të vezës së tundur. Masën e derdhim në mënyrë të barabartë midis ramekinëve të përgatitur dhe e spërkasim sipër djathin e mbetur të grirë.
s) Vendosini ramekinet në enën e pjekjes dhe derdhni me kujdes rreth 2,5 cm/1" ujë të vluar në enën e pjekjes, duke u kujdesur që të mos spërkatni ramekinët.
t) I vendosim në furrë dhe i gatuajmë për 20-25 minuta derisa sufllaqet të jenë pjekur mirë dhe të marrin ngjyrë kafe të artë.
u) Shërbejeni direkt nga ramekin dhe hani menjëherë!

2.Supë me selino dhe mollë me arra të grimcuara

PËRBËRËSIT:
- 1 qepë e qëruar dhe e prerë përafërsisht
- 1 selino (600–800 g), e qëruar dhe e prerë në kubikë
- 2 mollë Cox's, të qëruara, të prera dhe të prera përafërsisht
- 2 luge vaj ulliri
- 1 lugë gjelle gjethe trumze
- 1 litër lëng perimesh
- Kripë deti dhe piper i zi ose i bardhë i sapo bluar
- Për të shërbyer
- Një grusht i madh me arra, të prera përafërsisht
- Vaj ulliri ekstra i virgjër, për spërkatje

UDHËZIME:
a) Përgatisni qepën, selinonë dhe mollët sipas renditjes.

b) Vendosim një tenxhere të madhe në zjarr mesatar dhe shtojmë vajin e ullirit. Kur të nxehet, shtoni qepën me pak kripë dhe gatuajeni për 4-5 minuta, ose derisa të jetë e butë, por pa ngjyrë.

c) Shtoni selinonë, mollët dhe gjethet e trumzës dhe gatuajeni për 5 minuta.

d) Hidhni lëngun e perimeve dhe lëreni të ziejë. Vazhdoni zierjen edhe për 5 minuta të tjera, ose derisa selino të zbutet.

e) Hiqeni tiganin nga zjarri dhe përdorni një blender për ta përzier plotësisht. I rregullojmë me kripë dhe piper, më pas i shijojmë dhe i shtojmë më shumë erëza sipas nevojës.

f) Hidhni në enë të ngrohta, shpërndani me arra të grira dhe spërkatni me pak vaj ulliri ekstra të virgjër përpara se ta shërbeni.

3.Shnizel derri me Remoulade selino

PËRBËRËSIT:
- 2 x 220 g bërxolla derri pa kocka
- 50 gr miell i thjeshtë
- 1 vezë
- 80 gr bukë të freskët
- 1 lugë çaji kopër të thatë
- 1 lugë çaji paprika
- Vaj vegjetal, për tiganisje
- Kripë deti dhe piper i zi i sapo bluar
- Për rimodelimin
- 200 gr selino, të qëruar dhe julienuar
- 2 lugë majonezë
- 1 lugë çaji mustardë integrale
- 2 lugë salcë kosi
- 1 lugë gjelle majdanoz me gjethe të grira hollë
- Shtrydhni lëng limoni

PËR TË SHËRBUAR
- 2 grushta të vogla lakërishtë
- Copa limoni (opsionale)

UDHËZIME:
a) Duke përdorur një thikë të mprehtë, shkurtoni yndyrën nga çdo copa derri. Vendosini ato midis dy copave të filmit ngjitës dhe përdorni një çekiç çeki ose rrokullisje për t'i rrafshuar në një trashësi prej 5 mm.

b) Hidheni miellin në një tas të cekët, kriposni dhe piper dhe përzieni mirë. Rrihni lehtë vezën në një tas të dytë të cekët. Vendosni thërrimet e bukës në një tas të tretë të cekët dhe përzieni koprën dhe paprikën. I lyejmë të dyja anët e bërxollave, më pas i lyejmë me miell, më pas me vezë dhe në fund me thërrimet e bukës.

c) Për rimulimin, vendosni selinonë, majonezën, mustardën, kosin dhe majdanozin në një tas të madh dhe përzieni mirë. Shtoni pak lëng limoni dhe rregulloni sipas shijes. Le menjane.

d) Ngrohni një thellësi 1 cm vaj vegjetal në një tigan. Kur të nxehet, shtoni me kujdes schnitzel dhe gatuajeni për 2-3 minuta nga secila anë. I kullojmë në letër kuzhine.

e) Shërbejini schnitzel-et me një lugë të bollshme remoulade, një grusht lakërishtë dhe një copë limoni (nëse përdorni) anash.

4.Rizoto me hudhër me thajl

PËRBËRËSIT:

- selino 1/2 e vogël, e prerë në copa 1 cm
- vaj ulliri
- hudhër 1 llambë, karafil të qëruar
- rozmarinë 1 degëz
- qepe 1, e prerë imët
- presh 1 i prerë imët
- gjethet e trumzës 1 lugë çaji
- gjalpë 100 gr
- oriz rizoto 400 gr
- vaj perimesh
- lëng pule 1.5 litra
- P ecorino 80 gr, i grirë hollë
- majdanoz me gjethe të sheshta një grusht të vogël, të grirë
- thëllëza 4, e pastruar dhe e pastruar

UDHËZIME:

a) Ngrohni furrën në 180C/fantas 160C/gaz 4. Vendoseni selinonë të prerë në kubikë në një tepsi. Spërkateni dhe spërkatni me pak vaj vegjetal. Piqini për 15 minuta, ose derisa të zbuten dhe të marrin ngjyrë kafe.

b) Ndërkohë hidhni hudhrën, rozmarinën dhe 100 ml vaj ulliri në një tigan të vogël (në mënyrë që hudhra të zhytet, shtoni më shumë vaj nëse keni nevojë) dhe ngroheni butësisht për 10 minuta, ose derisa hudhra të jetë e butë dhe pak e artë.

c) Hiqeni dhe ftohni vajin. Vajin e hudhrës që ka mbetur mund ta përdorni për gatim, por mbajeni në frigorifer dhe përdorni brenda një jave.

d) Skuqni qepën, preshin dhe trumzën me 50 g gjalpë dhe 50 ml vaj ulliri. Sezoni. Kur perimet të jenë zbutur, shtoni orizin dhe përzieni derisa të mbulohen të gjitha kokrrat.

e) Ngroheni lehtë për 1 minutë për të çarë orizin (kjo lejon përthithjen më të lehtë).

f) Shtoni 500 ml lëng në rizoto dhe përzieni derisa të përthithet e gjitha. Përsëriteni edhe 2 herë të tjera. Kjo duhet të zgjasë rreth 20 minuta. Shtoni më shumë lëng nëse keni nevojë, për të marrë një konsistencë kremoze.

g) Hiqeni zjarrin kur orizi të jetë zbutur, shtoni selinonë, pjesën tjetër të gjalpit, djathin dhe majdanozin dhe i rregulloni. Mbulojeni me kapak dhe lëreni të pushojë.

h) Ndezni furrën në 200C/tifoz 180C/gaz 6. Nxehni një tigan në tigan në nxehtësi mesatare. I lyejmë dhe i rregullojmë shkurtat, më pas i vendosim zogjtë me lëkurë poshtë në tigan për 4 minuta derisa të marrin ngjyrë të artë dhe të karbonizohen.

i) Kthejeni dhe gatuajeni edhe për 2 minuta të tjera. Transferoni në një tepsi dhe piqini për 10-15 minuta derisa të gatuhet dhe lëngjet të jenë të qarta. Pushoni për 2 minuta nën petë. Ndani rizoto në pjata të ngrohta.

j) Prisni thëllëzën në gjysmë përgjatë shpinës dhe vendosni rizoto. Duke përdorur pjesën e pasme të një thike kungulloni hudhrën e konfit dhe shpërndajeni sipër.

5.Krem supë me midhje me shafran

PËRBËRËSIT:

- 750 g (1 lb 10oz) midhje të vogla, të pastruara
- 4 lugë gjelle verë të bardhë të thatë
- 50 g (2oz) gjalpë
- 225 g (8oz) selino të qëruar, të copëtuar
- 125 g (4½oz) presh, i prerë në feta
- 1 thelpi i vogël hudhër, i prerë
- rreth 750 ml lëng peshku
- majë e mirë e fijeve të shafranit
- 175 g (6 oz) domate të pjekura në hardhi
- 4 lugë gjelle krem fraiche

UDHËZIME:

a) Hidhni midhjet dhe 2 lugë verë në një tigan me madhësi mesatare. Vendoseni në zjarr të fortë dhe gatuajeni për 2-3 minuta ose derisa midhjet të jenë hapur.

b) Shkrini gjalpin në një tigan të pastër, shtoni selinonë, preshin, hudhrën dhe verën e mbetur. Mbulojeni dhe gatuajeni butësisht për 5 minuta.

c) Hidhni të gjitha, përveç lugës së fundit ose dy të pijeve të midhjes në një enë të madhe matëse dhe mbushni deri në 900 ml me lëngun e peshkut. Shtoni në tiganin e perimeve së bashku me shafranin dhe domatet, mbulojeni dhe ziejini butësisht për 30 minuta.

d) Lëreni supën të ftohet pak dhe më pas përziejeni derisa të jetë homogjene. Fillimisht kaloni nga një sitë, më pas kaloni edhe një herë nga një chinois në një tigan të pastër, vendoseni përsëri në valë. Përzieni kremin dhe pak erëza për shije.

e) E heqim tiganin nga zjarri dhe i përziejmë midhjet që të ngrohen për një kohë të shkurtër, por mos i lini të gatuhen më shumë nga sa kanë.

PARSNIP

6. Kroketa me oriz kafe, bajame dhe perime

PËRBËRËSIT:
- 1½ filxhan oriz kafe me kokërr të shkurtër
- 3 ½ filxhanë Lëngu i yndyrshëm
- 1 lugë çaji Kripë
- 1 luge vaj
- ½ filxhan selino të grirë
- ¾ filxhan majdanoz të grirë
- ¾ filxhan patate të ëmbla ose karrota të grira
- ¾ filxhan qepë jeshile të grira
- ¼ filxhan Bajame të pjekura dhe të grira
- ½ filxhan thërrime buke të thekura
- ⅓ filxhan majdanoz i freskët i grirë
- 1 lugë gjelle salcë soje me natrium të reduktuar
- 1 vezë e rrahur

UDHËZIME:
a) Në një tenxhere të mesme mbi nxehtësinë mesatare-të lartë, vendosni orizin kaf, lëngun e yndyrshëm dhe kripën të ziejnë. Mbuloni tenxheren dhe ulni zjarrin në minimum. Gatuani orizin për 40 deri në 45 minuta ose derisa të përthithet i gjithë uji. Lëreni të ftohet.

b) Në një tigan 10 inç që nuk ngjit mbi nxehtësinë mesatare-të lartë, kombinoni vajin, selinon e grirë, majdanozin e grirë dhe patatet e ëmbla ose karotat e grira. Gatuani dhe përzieni për 3 deri në 5 minuta ose derisa perimet të jenë të buta, por jo të skuqura. Shtoni qepët e gjelbra të grira dhe ziejini edhe për 1 minutë. Hiqeni nga zjarri.

c) Në një tas të madh, kombinoni perimet e skuqura, bajamet e pjekura dhe të grira, thërrimet e bukës së thekur, majdanozin e freskët të copëtuar, salcën e sojës me natrium të reduktuar, vezën e rrahur dhe orizin e zier. Përziejini gjithçka mirë për të siguruar shpërndarje të barabartë.

d) Formoni përzierjen në peta 3 inç, duke i dhënë formë me duart tuaja.

e) Lani dhe thani tiganin e përdorur për skuqjen e perimeve. Lyejeni tiganin me llak perimesh që nuk ngjit dhe vendoseni në nxehtësi mesatare-të lartë.

f) Pasi tigani të jetë nxehtë, shtoni kroketat në tigan. Gatuani për 3 deri në 5 minuta nga secila anë ose derisa të marrin ngjyrë kafe të artë dhe të bëhen krokante.

g) I heqim kroketat nga tigani dhe i servirim te nxehta.

7.Gjeli i detit me Chard Swiss dhe Parsnip

PËRBËRËSIT :
- 1 lugë gjelle vaj kanola
- 1 kile kofshët e gjelit të detit
- 1 karotë, e prerë dhe e prerë
- 1 presh i grirë
- 1 majdanoz, i grirë
- 2 thelpinj hudhre, te grira
- 1 ½ litër lëng gjeldeti
- Bishtaja anise me 2 yje
- Kripë deti, për shije
- ¼ lugë çaji piper i zi i bluar, ose më shumë për shije
- 1 gjethe dafine
- 1 tufë borzilok të freskët tajlandez
- ¼ lugë çaji kopër të thatë
- ½ lugë çaji pluhur shafran i Indisë
- 2 filxhanë chard zvicerane, të grira në copa

UDHËZIME :
a) Shtypni butonin "Sauté" dhe ngrohni vajin e canola. Tani, skuqni kofshët e gjelit të detit për 2 deri në 3 minuta në secilën anë; rezervë.
b) Shtoni një spërkatje të lëngut të gjelit të detit për të gërvishtur çdo pjesë të skuqur nga fundi.
c) Më pas, shtoni karotën, preshin, majdanozin dhe hudhrën në tenxheren e menjëhershme. I kaurdisim derisa të zbuten.
d) Shtoni lëngun e mbetur të gjelit të detit, bishtajat e aniseut, kripën, piperin e zi, gjethen e dafinës, borzilokun tajlandez, koprën dhe pluhurin e shafranit të Indisë.
e) Sigurojeni kapakun. Zgjidhni cilësimin "Supë" dhe gatuajeni për 30 minuta. Pasi të përfundojë gatimi, përdorni një çlirim natyral të presionit; hiqni me kujdes kapakun.
f) Përzieni chard zvicerane ndërsa gjethet janë ende të nxehta për t'u zbehur. Kënaquni!

8.Pjeshkë Dhe Tortë me majdanoz përmbys

PËRBËRËSIT:

- 200 g (pesha e kulluar) dardha të konservuara në lëng
- 225 g (pesha e kulluar) feta pjeshke të konservuara në lëng
- 225 g majdanoz të grirë
- 85 g sulltanezë
- 225 gr miell që ngrihet vetë
- 2 lugë çaji pluhur pjekjeje
- ¼ lugë çaji bikarbonat sode
- 2 lugë erëza të përziera
- 100 ml vaj vegjetal
- 3 vezë të mëdha, të rrahura
- 1 lugë çaji ekstrakt vanilje

UDHËZIME:

a) Ngroheni furrën në 200°C/180°C ventilator. Lyeni me yndyrë dhe shtrojini një formë të rrumbullakët 8 inç (20 cm) me letër pjekjeje. Kulloni frutat e konservuara.

b) Në një enë grijmë dardhat me pirun.

c) Renditni fetat e pjeshkës në një mollë me erë ose një model rrethi në fund të formatit të kekut, duke lënë hapësirë midis tyre, por duke i shpërndarë në mënyrë të barabartë.

d) Në një enë të veçantë, përzieni të gjithë përbërësit e mbetur (majdanozin e grirë, sulltanat, miellin që rritet vetë, pluhurin për pjekje, bikarbonatin e sodës, erëzën e përzier, vajin vegjetal, vezët e rrahura dhe ekstraktin e vaniljes) me dardhën e grirë duke përdorur një lugë druri derisa të përziera tërësisht.

e) Lyejeni masën me lugë mbi pjeshkët në formatin e kekut, duke u siguruar që ato të jenë të mbuluara në mënyrë të barabartë.

f) E pjekim kekun per 35 minuta derisa te marre ngjyre kafe.

g) Përpara se ta hiqni tortën nga furra, shtroni një tepsi me letër pjekjeje.

h) E heqim kekun nga furra dhe e hedhim menjehere ne tepsine e shtruar, keshtu qe pjeshket tashme te jene mbi torte. Hiqni letrën e pjekjes nga keku dhe vendoseni sërish në furrë për 15 minuta të tjera derisa masa e sipërme të jetë gatuar plotësisht.

i) Hiqeni tortën nga furra dhe lëreni të ftohet në një raft teli përpara se ta shërbeni.

9. Garbanzo Parsnip Gnocchi Me Shegë

PËRBËRËSIT:
- 2 filxhanë fasule garbanzo të ziera (qubrat), të kulluara dhe të shpëlarë
- 1 filxhan majdanoz të gatuar, të grirë
- 1 ½ filxhan miell për të gjitha përdorimet
- ¼ filxhan maja ushqyese (opsionale, për aromë të shtuar)
- 1 lugë çaji kripë
- ½ lugë çaji pluhur hudhër
- ¼ lugë çaji piper i zi
- vaj ulliri (për gatim)
- Zgjedhja juaj e salcës (p.sh. marinara, pesto) për servirje
- Kokrrat e shegës (për servirje)

UDHËZIME:
a) Në një tas të madh përzierjeje, kombinoni fasulet e ziera dhe majdanozin e grirë. Thërrmoni ato së bashku duke përdorur një pure patate ose pirun derisa të kombinohen mirë.

b) Shtoni miellin, majanë ushqyese (nëse përdorni), kripën, pluhurin e hudhrës dhe piperin e zi në tas. I trazojmë mirë që të bashkohen dhe të formohet një brumë.

c) Plurosni një sipërfaqe të pastër me miell dhe mbi të kaloni brumin e njokit. Ziejeni brumin butësisht për disa minuta derisa të bëhet i butë dhe i lakueshëm. Kini kujdes të mos e teproni.

d) Ndani brumin në pjesë më të vogla. Merrni një pjesë dhe rrotullojeni në një litar të gjatë rreth ½ inç të trashë. Përsëriteni me brumin e mbetur.

e) Përdorni një thikë ose kruajtëse stoli për të prerë litarët në copa të vogla, rreth 1 inç në gjatësi. Mund t'i lini ashtu siç janë ose të përdorni pjesën e pasme të një piruni për të krijuar kreshta në secilën pjesë.

f) Sillni një tenxhere të madhe me ujë të kripur të vlojë. Shtoni njokit në tufa, duke pasur kujdes që të mos mbipopulloni tenxheren. Gatuajini njokit për rreth 2-3 minuta ose derisa të dalin në sipërfaqe. Pasi të notojnë, gatuajini edhe për 1 minutë shtesë dhe më pas hiqini duke përdorur një lugë me vrima ose një sitë merimangash. Përsëriteni derisa të gatuhen të gjitha njokët.

g) Ngrohni pak vaj ulliri në një tigan mbi nxehtësinë mesatare. Shtoni njokit e gatuar në një shtresë të vetme dhe ziejini për disa minuta derisa të skuqen lehtë dhe të bëhen krokante. Kthejini ato dhe gatuajeni për një ose dy minuta të tjera. Përsëriteni me njokitë e mbetura.

h) Shërbejeni Garbanzo Parsnip Gnocchi të nxehtë me salcën tuaj të zgjedhur, si marinara ose pesto.

i) Nëse dëshironi, mund të shtoni edhe pak djathë parmixhano të grirë, kokrra shege dhe barishte të freskëta për zbukurim.

10. Skuqje me majdanoz dhe karrota

PËRBËRËSIT:
- 225 gram Parsnip; të grira
- 2 karrota të mesme; të grira
- 1 qepë; të grira
- 3 lugë qiqra të freskëta të prera
- Kripë dhe piper i zi i sapo bluar
- 2 vezë të mesme
- ½ pako Salcice derri
- 100 gram djathë çedër i fortë
- 40 gram miell i thjeshtë
- 2 lugë majdanoz i freskët i grirë

UDHËZIME:
a) Përzieni majdanozin, karotat, qepën, qiqrat, erëzat dhe një vezë, derisa të përzihen mirë. Ndani në katër, duke i rrafshuar në petulla të përafërt.
b) Ngrohni një tigan të madh dhe gatuajini salsiçet për 10 minuta, duke i kthyer herë pas here derisa të marrin ngjyrë të artë.
c) Ndërkohë shtoni petullat në tigan dhe skuqini për 3 minuta nga secila anë derisa të marrin ngjyrë të artë
d) Përziejini përbërësit e mbetur për të formuar një pastë të fortë dhe rrotullojeni në një formë trungu të madh. Pritini në katër.
e) Pritini salsiçet dhe ndajini në mes të skuqurave. Sipër secilit me një fetë djathi.
f) Vendoseni nën skarën e nxehur më parë dhe gatuajeni për 5-8 minuta derisa të flluskojë dhe të shkrihet.
g) Shërbejeni menjëherë të zbukuruar me qiqra dhe chutney.

11.Supë dimërore me majdanoz

PËRBËRËSIT:
- 1½ filxhan qepë të verdhë - të prera hollë
- 1 filxhan selino – i prerë në feta hollë
- 16 ons supë perimesh
- 3 gota spinaq bebe
- 4 gota majdanoz të prerë në kubikë, të qëruar dhe të prerë në kubikë
- 1 lugë gjelle vaj kokosi
- ½ filxhan qumësht kokosi

UDHËZIME:
a) Hani vaj në një tigan të madh në zjarr mesatar dhe ziejini qepët dhe selinon.
b) Shtoni majdanozin dhe lëngun dhe lërini të ziejnë.
c) Ulni nxehtësinë në minimum dhe mbulojeni për 20 minuta.
d) Shtoni spinaqin, përziejeni mirë që të kombinohet, hiqeni nga zjarri dhe bëjeni pure supën në tufa në blender derisa të jetë homogjene.
e) Shtoni qumështin e kokosit dhe shërbejeni menjëherë.

RUTABAGA

12.Pasta Bbq

PËRBËRËSIT:
- 4 predha byreku të ngrira; shkrirë
- 1¼ paund Mish derri të tërhequr
- 4 patate të moderuara ; i prerë në kubikë
- 1 qepë e madhe; i prerë në kubikë
- ¼ filxhan Rutabaga; i prerë në kubikë
- 1 karotë e prerë në kubikë
- ½ lugë gjelle sherebelë
- ½ lugë trumzë
- Kripë dhe piper

UDHËZIME:
a) Përziejini të gjithë përbërësit dhe vendosni ¼ në çdo lëvozhgë byreku. mbivendosni brumin mbi mbushjen për të bërë byrekë të pjesshëm në formë hëne.
b) Mbyllni skajet dhe prisni disa të çara të vogla në majë.
c) Piqeni në skarë për 15 minuta.

13. R utabaga Merak me patate

PËRBËRËSIT:
- 1 kile mish viçi pa yndyrë
- 1 qepë, e grirë
- 4 kërcell selino, të grira
- 3/4 filxhan ketchup
- 7 gota ujë
- 1/2 filxhan karrota bebe
- 1 rutabaga e vogël, e prerë
- 4 patate të mëdha, të prera
- 1 lakër me kokë të vogël, të grirë hollë

UDHËZIME:
a) Në një tenxhere, përzieni dhe ziejini selinon, qepën dhe hamburgerin në zjarr mesatar derisa mishi të skuqet. Kullojeni yndyrën shtesë.
b) Përzieni patatet, rutabagën, karotat e vogla, ujin dhe ketchup-in. Ziejnë.
c) Ziejini për 20 minuta në zjarr të ulët.
d) Përzieni lakër të copëtuar. Ziejini derisa perimet të zbuten për 30-45 minuta.

14. Zierje viçi me perime me rrënjë

PËRBËRËSIT:
- 1 kile mish viçi pa dhjamë (90% pa dhjamë)
- 1 qepë mesatare, e grirë
- 2 kanaçe (14-1/2 ons secila) supë viçi me natrium të reduktuar
- 1 patate e ëmbël mesatare, e qëruar dhe e prerë në kubikë
- 1 filxhan karota të prera në kubikë
- 1 filxhan rutabaga e qëruar në kubikë
- 1 filxhan majdanoz të qëruar në kubikë
- 1 filxhan patate të qëruara të prera në kubikë
- 2 lugë pastë domate
- 1 lugë çaji salcë Worcestershire
- 1/2 lugë çaji trumzë e thatë
- 1/4 lugë çaji kripë
- 1/4 lugë çaji piper
- 1 lugë niseshte misri
- 2 lugë ujë

UDHËZIME:
a) Në një kazan të madh ose në furrën holandeze, gatuajeni qepën dhe viçin mbi nxehtësinë mesatare derisa të mos mbetet ngjyrë rozë; pastaj kullohet.

b) Shtoni piper, kripë, trumzë, salcë Worcestershire, paste domate, perime dhe lëng mishi. Lëreni të ziejë. Ngrohje më e ulët; ziejme te mbuluara per 30-40 minuta deri sa perimet te zbuten.

c) Në një tas të vogël, kombinoni ujin dhe niseshtën e misrit derisa të jenë të lëmuara; përzihet në zierje. Vendoseni të vlojë; gatuajmë dhe përziejmë për 2 minuta, derisa të trashet.

15.Suxhuk gjeldeti me perime me rrënjë

PËRBËRËSIT:
- 1 pako (14 ons) kielbasa gjeldeti i tymosur, i prerë në copa 1/2 inç
- 1 qepë mesatare, e grirë
- 1 filxhan rutabaga e qëruar në kubikë
- 1 filxhan karota të prera në feta
- 1 lugë çaji vaj kanola
- 4 gota patate të qëruara të prera në kubikë
- 1 kanaçe (14-3/4 ons) supë pule me natrium të reduktuar
- 1 lugë çaji trumzë e tharë
- 1/4 lugë çaji sherebelë e fërkuar
- 1/4 lugë çaji piper
- 1 gjethe dafine
- 1/2 lakër me kokë të mesme, të prerë në 6 feta
- 1 lugë çaji miell për të gjitha përdorimet
- 1 lugë gjelle ujë
- 1 lugë majdanoz i freskët i grirë
- 2 lugë çaji uthull musht

UDHËZIME:
a) Gatuani karotat, rutabagën, qepën dhe sallamin në një furrë holandeze me vaj derisa qepa të zbutet, ose rreth 5 minuta. Vendosni në gjethe dafine, piper, sherebelë, trumzë, lëng mishi dhe patatet. Ziejnë. Sipër lyeni me copat e lakrës. Uleni zjarrin dhe ziejini, të mbuluara, derisa lakra dhe patatet të zbuten, ose rreth 20 deri në 25 minuta.

b) Transferoni lakrën me kujdes në një tas të cekët për servirje; pastaj mbajeni ngrohtë. Hiqni gjethen e dafinës. Përzieni ujin dhe miellin derisa të bëhen

c) i qetë; përzieni në përzierjen e sallamit. Ziejeni dhe gatuajeni duke e përzier derisa të trashet, ose rreth 2 minuta. Përziejini me uthull dhe majdanoz. Shtoni sipër lakrës duke përdorur një lugë.

16. Supë e pasur me gulash hungareze

PËRBËRËSIT:

- 1-1/4 paund mish viçi me zierje, i prerë në kube 1 inç
- 2 lugë vaj ulliri, të ndara
- 4 qepë mesatare, të grira
- 6 thelpinj hudhre, te grira
- 2 lugë çaji paprika
- 1/2 lugë çaji fara qimnon, të grimcuar
- 1/2 lugë çaji piper
- 1/4 lugë çaji piper kajen
- 1 lugë çaji përzierje erëzash pa kripë
- 2 kanaçe (14-1/2 ons secila) supë viçi me natrium të reduktuar
- 2 gota patate të qëruara të prera në kubikë
- 2 gota karota të prera në feta
- 2 gota rutabaga të qëruara të prera në kubikë
- 2 kanaçe (28 ons secila) domate të prera në kubikë, të pakulluara
- 1 piper i madh i kuq i ëmbël, i grirë
- 1 filxhan (8 ons) salcë kosi pa yndyrë

UDHËZIME:

a) Në një furrë holandeze, skuqni viçin në 1 lugë gjelle vaj mbi nxehtësinë mesatare. Hiqni viçin jashtë; lërini të kullojnë pikat.

b) Më pas, ngrohni vajin e mbetur në të njëjtën tigan; kaurdisni hudhrat dhe qepët në zjarr mesatar derisa të skuqen lehtë, 8-10 minuta. Shtoni përzierjen e erëzave, kajenin, piperin, qimnon dhe paprikën; gatuajeni dhe përzieni për një minutë.

c) Vendoseni mishin përsëri në tigan. Shtoni rutabaga, karota, patatet dhe lëngun e mishit; lëreni të ziejë. Tjetra, ulni nxehtësinë; mbulojeni dhe ziejini për 1 1/2

d) orë, ose derisa mishi të jetë pothuajse i butë dhe perimet të jenë të buta.

e) Hidhni në të piper të kuq dhe domate; kthejeni në zierje. Pastaj zvogëloni nxehtësinë; mbulojeni dhe ziejini edhe për 30-40 minuta, ose derisa mishi dhe zarzavatet të jenë zbutur. Shijojeni me salcë kosi.

17.Pjekje me hikërror me perime me rrënjë

PËRBËRËSIT:
- Sprej gatimi me vaj ulliri
- 2 patate të mëdha, të prera në kubikë
- 2 karota, të prera në feta
- 1 rutabaga e vogël, e prerë në kubikë
- 2 bishta selino, të grira
- ½ lugë çaji paprika e tymosur
- ¼ filxhan plus 1 lugë gjelle vaj ulliri, të ndarë
- 2 degë rozmarine
- 1 filxhan kokrra hikërror
- 2 gota supë perimesh
- 2 thelpinj hudhre, te grira
- ½ qepë e verdhë, e copëtuar
- 1 lugë çaji kripë

UDHËZIME:
a) Ngrohni paraprakisht fryerjen e ajrit në 380°F. Lyejeni lehtë pjesën e brendshme të një tavë me kapacitet 5 filxhani me llak gatimi me vaj ulliri. (Forma e enës së tavës do të varet nga madhësia e tiganit me ajër, por duhet të jetë në gjendje të mbajë të paktën 5 gota.)

b) Në një tas të madh, hidhni patatet, karotat, rutabagën dhe selinon me paprikën dhe ¼ filxhan vaj ulliri.

c) Masën e perimeve e derdhim në tavën e përgatitur dhe sipër i hedhim degëzat e rozmarinës. Vendoseni enën me tavë në tigan me ajër dhe piqni për 15 minuta.

d) Ndërsa perimet janë duke u zier, shpëlajini dhe kullojini kokrrat e hikërrorit.

e) Në një tenxhere të mesme mbi nxehtësinë mesatare-të lartë, bashkoni drithërat, lëngun e perimeve, hudhrën, qepën dhe kripën me 1 lugë gjelle vaj ulliri të mbetur. Lëreni përzierjen të ziejë, më pas ulni zjarrin në minimum, mbulojeni dhe gatuajeni për 10 deri në 12 minuta.

f) Hiqeni enën e tavës nga fryerja me ajër. Hiqni degëzat e rozmarinës dhe hidhini. Hikërrorin e gatuar e derdhim në enën me

perimet dhe e përziejmë që të bashkohen. E mbulojmë me letër alumini dhe e pjekim edhe 15 minuta të tjera.
g) Përziejini përpara se ta shërbeni.

18. Levreku me perime me rrënjë të pjekura

PËRBËRËSIT:
- 1 karotë të prerë në kubikë të vegjël
- 1 majdanoz i prerë në kubikë të vegjël
- 1 rutabaga, e prerë në kubikë të vegjël
- ¼ filxhan vaj ulliri
- 2 lugë çaji kripë, të ndara
- 4 fileta levreku
- ½ lugë çaji pluhur qepë
- 2 thelpinj hudhre, te grira
- 1 limon, i prerë në feta, plus copa shtesë për servirje

UDHËZIME:
a) Ngrohni paraprakisht fryerjen e ajrit në 380°F.

b) Në një tas të vogël, hidhni karrotën, majdanozin dhe rutabagën me vaj ulliri dhe 1 lugë çaji kripë.

c) E rregulloni lehtë levrekun me 1 lugë çaji të mbetur kripë dhe pluhurin e qepës, më pas vendoseni në koshin e tiganisjes me ajër në një shtresë të vetme.

d) Përhapeni hudhrën mbi çdo fileto, më pas mbulojeni me feta limoni.

e) Hidhni perimet e përgatitura në shportën përreth dhe sipër peshkut. Pjekim për 15 minuta.

f) Shërbejeni me copa shtesë limoni nëse dëshironi.

19.Zierje viçi mishngrënës me perime rrënjë

PËRBËRËSIT:
- 2 kg mish viçi me zierje
- 1/3 filxhan miell për të gjitha përdorimet
- Pini kripë deti të imët
- 3 lugë yndyrë shtazore
- 3 gota lëng mishi të ndarë
- 6 qepka franceze të qëruara dhe të përgjysmuara
- 2 qepë të vogla të qëruara, të prera në 8
- 2 thelpinj hudhra te grira
- 1 lb rutabaga e qëruar dhe e prerë në kube 1 inç
- 3 karota mesatare të qëruara dhe të prera në monedha
- 1 lugë çaji mustardë Dijon

UDHËZIME:
a) Ngrohni furrën në 275°F.
b) Përzieni miellin me 1 lugë çaji kripë deti të imët. Spërkatni 4 lugë miell të kalitur mbi viçin dhe hidhni mishin e viçit tërësisht në miell.
c) Mbi nxehtësinë mesatare, shkrini 1 lugë gjelle yndyrë shtazore në një furrë të madhe holandeze.
d) Shtoni mishin e viçit dhe skuqeni mishin në të gjithë, duke e kthyer secilën pjesë me darë. Le menjane.
e) Hidhni rreth 1/2 filxhan lëng viçi në tigan që të shkëlqejë; kruani pjesën e poshtme për të ngritur të gjitha pjesët e skuqura. Hidheni këtë lëng mishi mbi viçin e skuqur.
f) Transferoni në një tas.
g) Në zjarr mesatar shkrini në tenxhere një lugë gjelle yndyrë shtazore. Hidhni në qepë dhe qepë.
h) Skuqeni për 2 minuta dhe më pas shtoni hudhrën; shtoni edhe rutabagën, karotat. Skuqini për 3-4 minuta derisa perimet të jenë zbutur rreth skajeve.
i) Spërkateni miellin e mbetur të stazhionuar mbi perimet (rreth 2 lugë gjelle) dhe përzieni mirë që të mbulohen.
j) Gatuani për rreth një minutë, pastaj derdhni lëngun e mbetur të viçit.

k) Kthejeni mishin e viçit dhe të gjitha lëngjet në tenxhere. Shtoni Dijonin. I trazojmë mirë. Mbulojeni tenxheren me një kapak të ngushtë dhe vendoseni në furrë.
l) Ziejeni zierjen ngadalë për 3 orë. Hiqeni kapakun dhe gatuajeni për një orë shtesë. Lëreni zierjen të ftohet për rreth 15 minuta përpara se ta shërbeni.
m) Shërbejeni me pure patatesh.

20. Supë me tapiokë dhe perime të vjeshtës

PËRBËRËSIT:
- 3 gota supë perimesh
- 1 degë rozmarinë
- 4 gjethe sherebelë
- 1 portokall, lëng dhe lëkurë të grirë
- 1 rutabaga e vogël, e prerë në julienne
- 3 karota, të prera në feta
- 1 patate e ëmbël, e qëruar, e prerë për së gjati dhe e prerë në feta
- 10 rrepka, të prera në katër pjesë
- 2 gota (500 ml) qumësht soje
- 1 lugë çaji (5 ml) pluhur kerri
- 1 lugë çaji xhenxhefil të bluar
- 1/2 lugë çaji shafran i Indisë i bluar
- 1/4 filxhan perla të mëdha tapioke
- 1/2 qepë të kuqe, të grirë hollë
- 1 lugë majdanoz të copëtuar me gjethe të sheshta
- 1 lugë fara kungulli

UDHËZIME:
a) Ngrohni lëngun e perimeve me rozmarinën, sherebelën dhe lëngun e portokallit.

b) Lërini të ziejnë dhe shtoni rutabagën, karotat, patatet e ëmbla dhe rrepkat. Gatuani për rreth 15 minuta. Le menjane.

c) Në një tenxhere tjetër ngrohni qumështin e sojës me kerin, xhenxhefilin dhe shafranin e Indisë.

d) Ziejini, spërkatni tapiokën dhe gatuajeni butësisht për 20 minuta ose derisa tapioka të bëhet e tejdukshme.

e) Ngrohni lëngun me perime, hiqni rozmarinën dhe sherebelën dhe në minutën e fundit shtoni përzierjen e tapiokës, lëkurën e portokallit, qepën, farat e kungullit dhe majdanozin.

21.Sallatë e copëtuar e fermentuar me Rutabaga

PËRBËRËSIT:
- 1 rrepkë, e grirë hollë
- ½ qepë e vogël, e grirë hollë
- 1 rrepë, e prerë në copa ½ inç
- 1 karotë, e prerë në copa ½ inç
- 3 mollë të vogla, të prera në copa ½ inç
- Një grusht fasule jeshile, të prera në gjatësi 1 inç
- 1 rutabaga, e prerë në copa ½ inç
- 1 deri në 2 gjethe rrushi, gjethe lakra jeshile ose zarzavate të tjera të mëdha me gjethe (opsionale)
- 3 lugë gjelle kripë deti të imët të parafinuar ose 6 lugë kripë deti të trashë të parafinuar
- 1 litër (ose litër) ujë të filtruar

UDHËZIME:
a) Në një tas mesatar, hidhni së bashku rrepkën, qepën, rrepën, karotën, mollët, bishtajat dhe rutabagën; transferojeni në një pjatë të vogël.

b) Vendosni gjethet e rrushit ose zarzavate të tjera me gjethe mbi pjesën e sipërme të përbërësve të sallatës së copëtuar për t'i mbajtur ato nën shëllirë dhe peshoni me pesha të sigurta për ushqim ose një kavanoz ose tas me ujë.

c) Në një tenxhere ose filxhan të madh matëse, shpërndani kripën në ujë, duke e përzier nëse është e nevojshme për të nxitur që kripa të shpërndahet. Hidhni shëllirë mbi sallatën, mbulojeni me kapak ose leckë dhe lëreni të fermentohet për një javë.

d) Hiqni peshat, hiqni dhe hidhni gjethet e rrushit ose zarzavate të tjera me gjethe. Vendoseni në kavanoza ose në një tas, mbulojeni dhe vendoseni në frigorifer, ku sallata duhet të zgjasë gjashtë muaj deri në një vit.

22. Pulë e vjeshtës dhe perime me rrënjë

PËRBËRËSIT:
- 1 Pako Krem Supe bazë, e përgatitur
- 1 lb Gjoks pule, pa kocka, pa lëkurë
- ¼ filxhan lëng limoni
- 4 ea. Thelpinj hudhre, të grira
- ¼ filxhan vaj ulliri
- 8 oz. Qepë, të prera në kubikë
- 8 oz. Patate e ëmbël, e qëruar dhe e prerë në kubikë
- 4 oz. Majdanoz, i qëruar dhe i prerë në kubikë
- 4 oz. Karota, të qëruara dhe të prera në kubikë
- 4 oz. Rutabaga, e qëruar dhe e prerë në kubikë
- 4 oz. Rrepat, të qëruara dhe të prera në kubikë
- 2 ea. Thelpinj hudhre, te grira
- 3 gota Baza e pulës, e përgatitur
- ¼ filxhan Sherebelë, e freskët, e copëtuar
- Sipas nevojës kripë kosher dhe piper i çarë
- Sipas nevojës Baby Rukola, e skuqur në blic (opsionale)

UDHËZIME:
a) Përgatitni bazën e supës krem sipas udhëzimeve të paketimit.
b) Kombinoni gjokset e pulës, lëngun e limonit, hudhrën dhe vajin e ullirit në një qese me zinxhir dhe marinojini në frigorifer për 1 orë.
c) Ngrohni furrën me konvekcion në 375°F. Vendoseni pulën e kulluar në tepsi të lyer me pergamenë, e rregulloni me kripë dhe piper. Pjekim për 12 minuta nga çdo anë ose derisa temperatura e brendshme të arrijë 165°F. Ftoheni dhe tërhiqni pulën.
d) Shkrini gjalpin në një tenxhere të veçantë. Shtoni qepët, patatet e ëmbla, majdanozët, karotat, rutabaga dhe rrepat. Ziejini derisa qepët të jenë të tejdukshme.
e) Shtoni bazën e përgatitur të pulës në përzierjen e perimeve, lëreni të ziejë dhe zvogëloni nxehtësinë dhe ziejini derisa perimet të zbuten.
f) Shtoni bazën e përgatitur të supës me krem, pulën e grirë dhe sherebelën e grirë. Vendoseni mbi nxehtësinë mesatare dhe gatuajeni derisa Chowder të arrijë 165°F. Mbajeni për shërbim.

g) E rregullojmë sipas shijes dhe e zbukurojmë me rukolë të skuqur me blic sipas dëshirës.

23.Festivali i vjeshtës Chowder Turqisë

PËRBËRËSIT:
- 2,5 oz. Gjalpë
- 12,5 oz. Qepë, të bardha, të prera në kubikë
- 12,5 oz. Majdanoz, të qëruar, të prerë në kubikë
- 12,5 oz. Rrepat, të qëruara, të prera në kubikë
- 12,5 oz. Rutabagas, të qëruara, të prera në kubikë
- 12,5 oz. Karota, të qëruara, të prera në kubikë
- 12,5 oz. Patate të ëmbla, të qëruara, të prera në kubikë
- 2,5 kuti. Baza e Turqisë
- 1 ea. Baza e supës krem, 25,22 oz. qese, e përgatitur
- 40 oz. Gjoks gjeldeti, i pjekur, i prerë në kubikë
- ½ filxhan Sherebelë, e freskët, e copëtuar
- Sipas nevojës kripë Kosher
- Sipas nevojës Piper i çarë
- Sipas nevojës djathë çedër, i grirë

UDHËZIME:
a) Në një tenxhere të madhe mbi nxehtësinë mesatare, shkrini gjalpin. Kaurdisni qepët, majdanozët, rrepat, rutabagat, karotat dhe patatet e ëmbla për 10 minuta.

b) Shtoni bazën e gjelit të detit në përzierjen e perimeve, lëreni të ziejë, zvogëloni nxehtësinë dhe ziejini derisa perimet të jenë të buta, rreth 20 minuta.

c) Shtoni bazën e supës krem, gjelin e detit dhe sherebelën. Përziejini për t'u bashkuar, ziejini për 30 minuta ose derisa të nxehet. Shijoni dhe rregulloni erëzat.

d) Dekoroni me djathë Cheddar.

24. Qengji dhe perimet me rrënjë

PËRBËRËSIT:
- 1 lb mish me zierje qengji, i prerë në kubikë
- 1 qepë e prerë në kubikë
- 2 thelpinj hudhre, te grira
- 2 gota lëng pule
- 1 filxhan majdanoz të prerë në kubikë
- 1 filxhan rutabaga e prerë në kubikë
- 1 filxhan karota të prera në kubikë
- 1 filxhan patate të prera në kubikë
- 1 lugë. trumzë
- Kripë dhe piper
- Vaj ulliri

UDHËZIME:

a) Në një tenxhere të madhe ose furrë holandeze, ngrohni pak vaj ulliri në nxehtësi mesatare-të lartë.

b) Shtoni mishin e qengjit dhe gatuajeni derisa të skuqet nga të gjitha anët.

c) Hiqeni qengjin me një lugë të prerë dhe lëreni mënjanë.

d) Shtoni qepën dhe hudhrën në tenxhere dhe ziejini derisa të zbuten, rreth 5 minuta.

e) Shtoni lëngun e pulës, majdanozin, rutabagën, karotat, patatet dhe trumzën dhe lërini të ziejnë.

f) Ulni zjarrin dhe ziejini për 45-50 minuta, ose derisa perimet të zbuten.

g) Shtoni përsëri mishin e qengjit në tenxhere dhe gatuajeni edhe për 5-10 minuta, ose derisa të nxehet.

h) I rregullojmë me kripë dhe piper sipas shijes dhe i shërbejmë të nxehtë.

25. Supë me bisht kau me Rutabaga

PËRBËRËSIT:
- 3 ½ paund bishta buke
- 3 gjethe dafine
- 1 Kërcell selino, të prera
- 2 gota Fasule jeshile
- 1 Rutabaga, e prerë në kubikë
- 14 ons domate të konservuara të prera në kubikë
- ¼ filxhan Ghee
- 1 Degëz trumze
- 1 degë rozmarine
- 2 presh të prera në feta
- 2 ½ liter Uje
- 2 lugë gjelle. Lëng limoni
- ¼ lugë karafil të bluar
- Kripë dhe piper, për shije

UDHËZIME:
a) Shkrini ghee në IP-në tuaj në SAUTE.
b) Shtoni bishtat e qeve dhe gatuajeni derisa të marrin ngjyrë kafe. Këtu mund t'ju duhet të punoni në grupe.
c) Hidhni ujin dhe shtoni rozmarinë trumzë, gjethet e dafinës dhe karafilin.
d) Gatuani në LARTË për 1 orë.
e) Bëni një çlirim natyral të presionit.
f) Hiqeni mishin nga IP dhe grijeni në një dërrasë prerëse.
g) Shtoni rutabagën dhe preshin në tenxhere dhe mbyllni kapakun.
h) Gatuani në LARTË për 5 minuta.
i) Shtoni perimet e mbetura dhe gatuajeni edhe për 7 minuta.
j) Shtoni mishin dhe mbylleni përsëri.
k) Gatuani në LARTË për 2 minuta.
l) Hidhni lëngun e limonit dhe rregulloni me kripë dhe piper.
m) Shërbejeni dhe shijoni!

26. Patate Begedil

PËRBËRËSIT:
- Rutabaga
- Lulelakra
- 2 Shallota të vogla
- lugë gjelle. Mish viçi i bluar
- 1 lugë gjelle. gjethe selino të copëtuara
- 1 lugë gjelle. Qepë e gjelbër të copëtuar
- 1/2 lugë. Piper i bardhë (ose piper i zi)
- 1/4 lugë. Kripë
- 1 vezë e madhe (përdoret vetëm pak)
- 4 lugë gjelle. Vaji i kokosit

UDHËZIME:
a) Fetë 5 oz. Rutabaga në copa të vogla dhe skuqeni deri në kafe me 1 lugë gjelle. Vaji i kokosit.
b) Me një shtypës dhe llaç, grijeni Rutabagën e skuqur derisa të zbutet. Nga ana tjetër, përdorni një përpunues ushqimi. Kur të keni mbaruar, lëreni mënjanë.
c) Mikrovalë 5 oz. Lulelakra deri sa të zbutet dhe shtypeni me një shtypës dhe llaç (ose përdorni një përpunues ushqimi).
d) Pritini në feta hollë 2 Shallots. Me një wok të vogël dhe të cekët (për të krijuar një vaj më të thellë por përdoret vetëm pak) dhe 1 lugë. Vaj kokosi, skuqeni derisa të marrë ngjyrë kafe dhe të bëhet krokante, por jo të digjet. Le menjane.
e) Me të njëjtin vaj kaurdisim 4 lugë gjelle. Mish i grirë deri në kafe. Sezoni me kripë dhe piper për shije.
f) Në një tas, shtoni Rutabagën dhe lulelakrën e grirë, Shallot të skuqur, mish viçi të zier, 1 lugë gjelle. secila gjethe selino dhe qepë jeshile, 1/2 lugë. Piper i bardhë (ose piper i zi) dhe 1/4 kripë. Përziejini mirë.
g) Hidhni rreth 1 lugë gjelle. nga përzierja dhe formoni një petë të vogël. Kam bërë gjithsej 10 peta.
h) Rrihni 1 vezë në një enë tjetër dhe lyeni çdo petë, por jo plotësisht (bëjeni secilën përpara se ta skuqni).

i) Skuqini petat në tufa me vaj kokosi derisa të marrin ngjyrë kafe. Kam përdorur 2 lugë gjelle. Vaj kokosi në total për këtë (dy tufa, 1 lugë gjelle secila).
j) Shërbejeni me zierje ose më vete

27.Korrja e perimeve dhe quinoas

PËRBËRËSIT:

- 1½ filxhan quinoa
- 4 gota Ujë
- ½ lugë çaji kripë
- 1 rrepë mesatare; të qëruara dhe të prera në kubikë
- 4 karota mesatare
- 1 Rutabaga e vogël; të qëruara dhe të prera në kubikë
- 1 filxhan Kunguj gjalpë të qëruar në kubikë
- 1 lugë çaji vaj ulliri
- 1 qepë e vogël e verdhë; i prerë në kubikë
- 1 thelpi i madh hudhër; i grirë
- ¼ filxhan Gjethe të freskëta të sherebelës të copëtuara
- Kripë dhe piper të bardhë

UDHËZIME:

a) Në një tenxhere të mesme, bashkoni quinoan të shpëlarë me ujë dhe kripë. Lëreni të vlojë, më pas ziejini, të mbuluar, derisa të gatuhet (rreth 10 minuta). Kullojeni, shpëlajeni me ujë të ftohtë dhe lëreni mënjanë.

b) Kombinoni rrepat, karotat, rutabagën dhe kungullin në një tenxhere të madhe me një avullore perimesh. Ziejini perimet me avull për 7 deri në 10 minuta, ose derisa të zbuten

c) Në një tigan të madh që nuk ngjit, kaurdisim qepën dhe hudhrën në vaj derisa qepa të zbutet, rreth 4 minuta. Përzieni gjethet e sherebelës dhe gatuajeni vetëm derisa sherebela të skuqet lehtë dhe të ketë aromë, 1 deri në 2 minuta.

d) Shtoni kuinoan dhe perimet në tigan dhe i përzieni mirë që të kombinohen. Shtoni kripë dhe piper sipas shijes, ngroheni nëse është e nevojshme dhe shërbejeni të nxehtë.

28.Klasik Pot-Au-Feu

PËRBËRËSIT:
- 2 luge vaj ulliri
- ½ lugë çaji piper i zi
- 4 bishta selino, të prera në kubikë
- 4 karota, të qëruara dhe të prera në kubikë
- 4 patate Yukon Gold, të prera në kubikë
- 4 e gjysmë gota ujë
- 1 kokë hudhër të prerë në gjysmë në mënyrë tërthore
- 1¾ lugë çaji kripë kosher
- 5 degëza të freskëta trumze
- 2 paund chuck rosto, pa kockat, dhe shkurtohet
- 3 gjethe dafine
- 2 presh të përgjysmuar për së gjati
- 1 rutabaga, në kubikë
- ¼ filxhan krem Fraiche
- 1½ kile brinjë të shkurtra viçi me kocka, të prera
- 2 lugë qepë të freskët të prerë hollë
- Cornichons
- mustardë Dijon
- Rrekë e përgatitur

UDHËZIME:
a) Nxehni një tigan që nuk ngjit mbi nxehtësinë mesatare. Gatuani rostin në vaj në një tigan të nxehtë, duke marrë ngjyrë kafe nga të gjitha anët, për 5 minuta.
b) I rregullojmë mirë me kripë dhe piper.
c) Zhvendoseni pjekjen në një tenxhere të ngadaltë 6 litra.
d) Shtoni brinjët në pikat e rezervuara në tiganin e nxehtë dhe gatuajeni, duke i kthyer në kafe nga të gjitha anët, për 6 minuta.
e) Transferoni brinjët në tenxhere të ngadaltë, duke i rezervuar pikimet në tigan. Shtoni trumzën, gjethet e dafinës, hudhrën dhe ujin në pikimet e rezervuara në tiganin e nxehtë, duke i trazuar që të lirohen copat e skuqura nga fundi i tiganit; hidheni në tenxhere të ngadaltë.
f) Gatuani ngadalë për 5 orë.

g) Përzieni rutabagën, preshin, selinon, patatet, karotat dhe rutabagën. Gatuani ngadalë, rreth 3 orë.

h) hidhni hudhrën, degëzat e trumzës dhe gjethet e dafinës.

i) Pritini rosto dhe shërbejeni me mish brinjë, gjysma presh, selino, patate, karrota dhe rutabaga në një pjatë për servirje.

j) Spërkateni me sasinë e dëshiruar të lëngut të gatimit dhe shërbejeni me kremin, qiqrat, kornichons, mustardën Dijon, rrikë dhe lëngun e mbetur të gatimit.

29. Kafshimet e proshutës me djathë

PËRBËRËSIT:
- 1/2 kile rutabaga, e grirë
- 4 feta proshutë me mish, të prera
- 7 ons djathë Gruyère, i grirë
- 3 vezë, të rrahura
- 3 lugë miell bajame
- 1 lugë çaji hudhër të grimcuar
- 1 lugë çaji pluhur qepe
- Kripë deti dhe piper i zi i bluar, për shije

UDHËZIME:
a) Shtoni 1 filxhan ujë dhe një tavë metalike në tenxheren e menjëhershme.

b) Përziejini të gjithë përbërësit e mësipërm derisa gjithçka të jetë e integruar mirë.

c) Vendoseni përzierjen në një tepsi silikoni që është lyer më parë me një llak gatimi që nuk ngjit. Mbulojeni tabakanë me një fletë alumini dhe uleni mbi tabaka.

d) Sigurojeni kapakun. Zgjidhni modalitetin "Manual" dhe Presion të ulët; gatuaj për 5 minuta. Pasi të përfundojë gatimi, përdorni një çlirim të shpejtë të presionit; hiqeni me kujdes kapakun. Bon appétit!

RREPA

30. Tavë me rrepë dhe qepë

PËRBËRËSIT:
- 2½ paund. rrepa të verdhë ose rutabaga (rreth 8 gota të prera në kubikë)
- ⅔ filxhan i prerë imët me yndyrë dhe pa dhjamë, prapanicë derri të freskët ose derri anësor; ose 3 Tb gjalpë ose vaj gatimi
- ⅔ filxhan qepë të prera imët
- 1 Tb miell
- ¾ filxhan bujon viçi
- ¼ luge sherebele
- Kripë dhe piper
- 2 deri në 3 Tb majdanoz i freskët i grirë

UDHËZIME:
a) Qëroni rrepat, pritini në katërsh dhe më pas në feta ½ inç; Pritini feta në shirita ½ inç dhe shiritat në kube ½ inç. Hidheni në ujë të vluar me kripë dhe ziejini pa mbuluar për 3 deri në 5 minuta, ose derisa të zbuten pak. Kullojeni.

b) Nëse po përdorni mishin e derrit, kaurdiseni ngadalë në një tenxhere 3 litra derisa të skuqet shumë lehtë; në të kundërt shtoni në tigan gjalpin ose vajin. Përzieni qepët, mbulojeni dhe ziejini ngadalë për 5 minuta pa u skuqur. Përzieni miellin dhe gatuajeni ngadalë për 2 minuta.

c) E heqim nga zjarri, e rrahim në bujon, e kthejmë në zjarr dhe e lëmë të ziejë. Shtoni sherebelën, më pas palosni rrepat. I rregullojmë sipas shijes me kripë dhe piper.

d) Mbulojeni tiganin dhe ziejini ngadalë për 20 deri në 30 minuta, ose derisa rrepat të zbuten.

e) Nëse salca është shumë e lëngshme, zbulojeni dhe ziejini ngadalë për disa minuta derisa lëngu të pakësohet dhe të trashet. Erëza e duhur. (Mund të gatuhet përpara. Ftoheni pa mbuluar; mbulojeni dhe ziejini disa çaste përpara se ta shërbeni.)

f) Për ta servirur hidhni majdanozin dhe kthejeni në një pjatë të nxehtë për servirje.

31.Verë e rrepës magjistare

PËRBËRËSIT:
- 6 paund. rrepa ose rutabaga
- 1 gallon ujë
- 2½ paund. sheqer ose 3 kg. mjaltë
- lëvore dhe lëng nga 3 portokall
- lëngun dhe lëkurën e 2 limonëve të mëdhenj ose 3 lugë. përzierje acide
- 1 lugë. lëndë ushqyese maja
- ¼ lugë. taninë
- 1 tabletë Campden, e grimcuar (opsionale)
- ½ lugë. enzima pektike
- 1 pako shampanjë ose maja sheri

UDHËZIME:
a) Pastroni mirë rrepat, duke i prerë majat dhe majat e rrënjës. I presim ose i presim në ujë të ftohtë dhe më pas i ngrohim. MIRË, mos ziej, për 45 minuta.
b) Hiqni lëvoren nga frutat e agrumeve (pa palcë të bardhë) dhe shtrydhni lëngun. Vendoseni lëkurën në një qese të vogël najloni në fund të fermentuesit primar.
c) Kullojini rrepat (dhe kokrrat e piperit, nëse i keni përdorur) nga uji. Ju mund të përdorni majdanozin për ushqim nëse dëshironi.
d) Hiqni rreth një litër ujë për ta shtuar më vonë nëse nuk keni mjaftueshëm. Është e vështirë të thuash se sa do të kesh humbur në avull gjatë gatimit. Shtoni sheqerin ose mjaltin dhe ziejini derisa sheqeri të tretet. Nëse përdorni mjaltë, ziejini për 10-15 minuta, duke e trazuar dhe pastroni çdo llum.
e) Derdhni ujin e nxehtë në një fermentues parësor të dezinfektuar mbi lëkurë. Shtoni lëngjet e frutave. (Mund të rezervoni pak lëng portokalli dhe ujë shtesë perimesh për të filluar majanë më vonë, nëse dëshironi.) Kontrolloni për të parë nëse keni një gallon musht. Nëse jo, plotësoni me ujin e rezervuar.
f) Shtoni lëndë ushqyese maja, taninë dhe përzierje acide nëse nuk keni përdorur limon. Mbulojeni dhe lidhni një bllokues ajri. Lëreni mushtin të ftohet dhe shtoni tabletën Campden, nëse vendosni të përdorni një të tillë. Dymbëdhjetë orë pas tabletës Campden, shtoni

enzimën pektike. Nëse nuk e përdorni tabletën, thjesht prisni derisa mushti të ftohet për të shtuar enzimën pektike. Njëzet e katër orë më vonë, kontrolloni PA dhe shtoni majanë.

g) Përzieni çdo ditë. Në dy javë ose më shumë, kontrolloni PA. Ngrini qesen me lëkure dhe lëreni të kullojë përsëri në enë. Mos e shtrydhni. Hidhni gjallërinë. Lëreni verën të qetësohet dhe vendoseni në një fermentues dytësor.

h) Bung dhe përshtatet me një bllokues ajri. Raft sipas nevojës në gjashtë muajt e ardhshëm apo më shumë. Kontrolloni PA. Kur të fermentohet, hidheni në shishe. Unë e preferoj këtë verë të thatë. Mund ta ëmbëlsoni verën nëse dëshironi përpara se ta mbushni në shishe duke shtuar stabilizues dhe 2 deri në 4 ounce shurup sheqeri për gallon.

32.Rrepë të ziera për Ditën e Falenderimeve

PËRBËRËSIT:
- ½ kile rrepa , të qëruara dhe të prera në copa
- 2 lugë gjelle pastë domate
- 2 lugë gjelle gjalpë vegan
- 1 qepë e qëruar dhe e prerë në kubikë
- 1 lugë çaji trumzë e tharë
- 1 karotë e qëruar dhe e prerë në kubikë
- 1 gjethe dafine
- 2 bishta selino të prera në kubikë
- Kripë dhe piper
- 1½ filxhan lëng ose ujë
- 2 lugë gjelle gjalpë vegan, i zbutur
- 1 T lugë miell

UDHËZIME:
a) Në një tigan shkrini gjalpin vegan. Shtoni një shtojcë qepën, selinon dhe karotën.

b) Gatuani për rreth 5 minuta. Shtoni lëngun, pastën e domates, trumzën dhe gjethen e dafinës në përzierjen e rrepave dhe qepëve, karotave dhe selinos.

c) Gatuani për 30 deri në 40 minuta, të mbuluara, në një furrë 350°F.

d) Ndërsa rrepat po ziejnë, bëni një pastë me gjalpë vegan dhe miell.

e) Transferoni rrepat në një enë për servirje dhe mbajini të ngrohta në tigan.

f) Në një tenxhere, kullojeni lëngun e zierjes. Shtoni copa të përzierjes së gjalpit dhe miellit vegan në salcë dhe përzieni derisa të trashet.

g) Spërkateni me alt dhe piper dhe më pas hidhni salcën mbi rrepat.

33.Supë tajvaneze me tortë me rrepë

PËRBËRËSIT:
PËR tortën me rrepë:
- 2 gota miell orizi
- 2 gota ujë
- 2 gota rrepë të grirë (rrepkë daikon)
- ¼ filxhan karkaleca të thata, të njomur dhe të grirë
- ¼ filxhan kërpudha të thata, të njomura dhe të prera në kubikë
- 2 lugë qepe, të grira
- 2 lugë vaj vegjetal
- 2 lugë salcë soje
- 1 lugë çaji kripë
- ½ lugë çaji piper i bardhë

PËR SUPËN:
- 4 gota lëng pule
- 2 gota ujë
- 2 qepë të njoma, të grira
- Kripë dhe piper për shije

UDHËZIME:
PËR tortën me rrepë:
a) Në një tas përzieni, bashkoni miellin e orizit dhe ujin. Përziejini mirë derisa masa të jetë e lëmuar dhe pa gunga.
b) Ngrohni vajin vegjetal në një tigan të madh ose wok mbi nxehtësinë mesatare.
c) Shtoni qepujt e grirë, karkalecat e thata dhe kërpudhat e thata në tigan. I trazojmë për rreth 2 minuta derisa të marrin aromë.
d) Shtoni rrepën e grirë në tigan dhe skuqeni për 2-3 minuta të tjera derisa rrepa të zbutet pak.
e) Hedhim përzierjen e miellit të orizit në tigan dhe e përziejmë vazhdimisht që të mos krijohen gunga.
f) Shtoni salcën e sojës, kripën dhe piperin e bardhë në tigan. I trazojmë mirë që të bashkohen të gjithë përbërësit.
g) Gatuani përzierjen në zjarr mesatar, duke e përzier vazhdimisht, derisa të trashet dhe të formojë një konsistencë ngjitëse.
h) Lyeni me yndyrë një tepsi katrore ose të rrumbullakët dhe derdhni në të masën e tortës me rrepë. Lëmoni sipërfaqen.

i) Ziejeni tortën me rrepë me avull në zjarr të lartë për rreth 45-50 minuta derisa të jetë e fortë dhe e gatuar.
j) Hiqeni tortën me rrepë nga avulli dhe lëreni të ftohet plotësisht.
k) Pasi të jetë ftohur, hiqeni tortën me rrepë nga tava dhe e prisni në copat e dëshiruara.

PËR SUPËN:
l) Në një tenxhere të madhe, bashkoni lëngun e pulës, ujin dhe qepët e njoma të grira. Lëreni përzierjen të ziejë.
m) Në tenxhere shtoni tortën me rrepë të prerë në feta dhe lëreni të ziejë për rreth 5 minuta që të ngrohet.
n) E rregullojmë supën me kripë dhe piper sipas shijes.
o) Shërbejeni supën tajvaneze të tortës me rrepë të nxehtë si një pjatë ngushëlluese dhe me shije.

34.Përzierje-gjelbërime me Fritters rrepë

PËRBËRËSIT:
- ¼ filxhan gjalpë
- 1 filxhan qepë të grirë
- 1 filxhan qepë të gjelbra të grira
- 2 kërcell selino, të prera
- 2 lugë gjelle xhenxhefil të grirë imët
- 2 thelpinj hudhra, të grira imët
- 1 kile rrepa për bebe me majat jeshile
- 10 gota Ujë
- 2 kubikë pule shumë të mëdha
- ½ filxhan verë të bardhë të thatë ose ujë
- ¼ filxhan niseshte misri
- 6 gota të paketuara me gjethe spinaqi të freskëta
- 1¼ lugë çaji piper i zi i bluar
- ½ lugë çaji kripë
- ¼ filxhan miell për të gjitha përdorimet e pashitruar
- 1 vezë e madhe, e rrahur lehtë
- Vaj vegjetal për tiganisje

UDHËZIME:
a) Përgatitni zarzavatet.
b) Rrepat e ftohur i grijmë në rende të trashë.
c) Kombinoni rrepat e grira, miellin, vezën dhe pjesën e mbetur prej ¼ t çdo piper dhe kripë.
d) Shtoni një grumbull lugë çaji me përzierje fërge në tigan dhe skuqeni duke e kthyer deri në kafe nga të dyja anët.

35. Hurma & Daikon Temaki

PËRBËRËSIT :
- 1 filxhan oriz sushi të papjekur
- 3 lugë erëza sushi
- 10 fletë sushi nori të thekura, të përgjysmuara
- 1 kastravec anglez
- 1 spec i kuq zile
- 6 okë daikon të konservuar, të prerë në shkrepse
- 2 hurma Fuyu, të qëruara dhe të prera në copa shkrepse
- 2 avokado, të prera dhe të prera në feta
- furikake për sipër

UDHËZIME
a) Gatuani orizin e sushit sipas udhëzimeve të paketës.
b) Kur të ketë mbaruar zierja e ftohni për rreth 15 minuta.
c) Përziejini me erëzat e sushit.
d) Vendosni gjysmën e fletës nori në një dërrasë, me anën e shndritshme poshtë.
e) Hidhni pak oriz mbi nori.
f) Përhapeni orizin në mënyrë që të mbushni gjysmën e norit.
g) Spërkateni norit me disa feta kastravec, piper të kuq, daikon dhe hurmë.
h) Hidhni sipër një fetë avokado dhe tundni pak furikake sipër.
i) Duke filluar nga e djathta e poshtme, rrotulloni norin në të majtë derisa të arrini në fund.
j) Mbyllni rrotullën e dorës me disa kokrra orizi. Përsëriteni me të gjitha fletët e tjera nori.

36.Snow Pea Shoot Daikon Rolls

PËRBËRËSIT:
- 1 kastravec i prerë imët
- Lëng nga 1 limon
- 1 lugë gjelle gjethe menteje të grira
- 1 lugë gjelle tamari
- 1 lugë gjelle lakër rrepkë
- 12 gjethe shiso
- 2 lugë lëng yuzu
- 1 lugë gjelle uthull orizi
- 1 lugë gjelle galangal i grirë
- 1 rrepkë daikon, e prerë imët në 12 shirita të gjatë
- 1 lugë gjelle bizele bore, të grirë
- 1 avokado e pjekur, e prerë imët
- Farat e susamit të zi, për zbukurim

UDHËZIME:
a) Rregulloni fletët e daikon në një sipërfaqe pune.
b) Çdo fletë daikon duhet të ketë 1 fletë shiso mbi të.
c) Kombinoni tamarin, uthullën e orizit, galangalin dhe lëngun e limonit në një tas; lëre mënjanë.
d) Kombinoni filizat e bizeleve të borës, avokadon, kastravecin dhe nenexhikun në një tas.
e) Shtoni salcën e limonit dhe përzieni.
f) Shpërndani përzierjen në mënyrë të barabartë midis fletëve të daikonit, duke vendosur një pjesë në çdo skaj.
g) Rrotulloni fort, me rrotullën të kthyer nga ju.
h) Transferoni rolet në një pjatë servirjeje, sipër lyeni me lakër dhe pak lëng yuzu.

RREPEK

37. Pulë e pjekur Yuzu me salcë japoneze

PËRBËRËSIT:
- 2 thelpinj hudhre, te shtypura
- 2 lugë çaji xhenxhefil, i grirë
- 25 g gjalpë pa kripë, i shkrirë
- ¼ filxhan lëng yuzu ose lëng gëlqereje
- 2 lugë salcë soje e lehtë
- 4 pula Maryland's
- ½ lugë çaji vaj susami
- 1 lugë gjelle vaj kikiriku
- ½ lugë çaji sheqer pluhur
- Farat e susamit të zi, për t'u shërbyer
- Copa limoni, për t'u shërbyer

SLAVA JAPONEZE
- 1 avokado, e prerë hollë
- 100 gr bizele të grira me sheqer, të prera për së gjati
- 3 rrepka, të prera, të prera hollë
- 1 karotë e madhe, e prerë në shkrepse të holla
- ½ tufë qiqrash, të prera në gjatësi 4 cm
- 150 g gjethe raketash të egra

UDHËZIME:
a) Kombinoni hudhrën, xhenxhefilin, gjalpin, 2 lugë yuzu dhe 1 lugë salcë soje në një tas.

b) Shtoni pulën dhe kthejeni në pallto. Mbulojeni dhe vendoseni në frigorifer për 20 minuta që të marinohen.

c) Ngroheni furrën në 180°C. Kullojeni pulën, rezervoni marinadën dhe thajeni.

d) Vendoseni në një tepsi të veshur me letër pjekjeje dhe piqini, duke e lyer me marinadë të rezervuar çdo 15 minuta, për 1 orë ose derisa të marrë ngjyrë të artë dhe të gatuhet.

e) Ndërkohë, bashkoni përbërësit e sallatave në një tas. Në një tas të veçantë, rrihni vajin e susamit, vajin e kikirikut, sheqerin dhe 2 lugë gjelle yuzu dhe 1 lugë sojë. Hidheni me sallat për t'u kombinuar.

f) Shërbejeni mishin e pulës dhe sallatave të spërkatura me farat e susamit, me limon për t'u shtrydhur.

38. Peshku i zier me avull

PËRBËRËSIT:
- 3½ gota dashi ose ujë
- 2 gota oriz të zi, të zier
- 1 filxhan verë të bardhë të thatë
- 1 copë kombu, 3 x 3 inç
- 1 lugë çaji pluhur shafran i Indisë
- 2 gjethe dafine
- 2 lugë gjelle alga deti të thata
- kripë kosher
- 2 fileto levreku të zi ose snapper të kuqe, të ziera në avull
- 5 ons kërpudha shiitake, të prera në gjysmë
- 2 gota fidane bizele
- 2 rrepka të kuqe, të grira
- 2 lugë gjelle gjethe mente të copëtuara

UDHËZIME:
a) Kombinoni lëngun e mishit, orizin, verën, kombu, kripën, pluhurin e shafranit të Indisë, gjethet e dafinës dhe algat e detit në një tenxhere.
b) Gatuani në temperaturë të ulët për 1 orë.
c) Vendoseni peshkun mbi oriz, më pas vendosni kërpudhat.
d) Shtoni nenexhik, rrepka dhe bizele si garniturë.

39. Rizoto japoneze me kërpudha

PËRBËRËSIT:

- 4 gota e gjysmë Llak perimesh; ose supë miso-infused, i këndshëm
- 1 lugë gjelle Vaj ulliri ekstra i virgjer
- ½ filxhan oriz rozë-sushi
- ½ filxhan Sake
- Kripë Kosher
- Piper i zi i sapo bluar
- ½ filxhan Kërpudha Enoki
- ½ filxhan Qepë të copëtuara
- ¼ filxhan Lakër rrepkë

UDHËZIME:

a) Nëse përdorni lëngun e injektuar me miso, kombinoni 1 lugë gjelle miso me 4½ gota ujë dhe lëreni të ziejë. Ulni zjarrin dhe ziejini.

b) Në një tenxhere, ngrohni vajin e ullirit mbi nxehtësinë mesatare në të lartë. Shtoni orizin duke e përzier vazhdimisht në një drejtim derisa të lyhet mirë. Hiqeni tiganin nga zjarri dhe shtoni sake.

c) E kthejmë në zjarr dhe e përziejmë vazhdimisht në një drejtim derisa të përthithet i gjithë lëngu. Shtoni lëngun ose lëngun me ½ filxhan duke e përzier vazhdimisht derisa lëngu të përthithet me çdo shtim.

d) I rregullojmë me kripë dhe piper. Hidhni me lugë në tasat për servirje, zbukurojeni me kërpudha, qepë dhe lakër dhe shërbejeni.

e) Zbukuroni me kërpudha delikate enoki, qepë të copëtuara dhe lakër rrepkë pikante.

40.Pulë e pjekur me Pesto fëstëk

PËRBËRËSIT:

- 25 g fëstëkë me lëvozhgë
- 1 tufë e madhe borzilok të freskët, gjethe dhe kërcell të prera përafërsisht
- 4 degëza të freskëta menteje, gjethe të prera përafërsisht
- Lëkurë e grirë dhe lëng ½ limoni, plus ½ limoni
- 125 ml vaj ulliri ekstra të virgjër
- 2 kg pulë e plotë me ushqim të lirë
- 125 ml verë e bardhë e thatë
- 200 gr bukë brumë thartë, e grirë në copa
- 200 g rrepka të përziera, të përgjysmuara ose të katërta nëse janë të mëdha
- 250 gr asparagus
- Një grusht i madh bizelesh

UDHËZIME:

a) Ngrohni furrën në 200°C/180°C ventilator/gaz 6. Përzieni fëstëkët, borzilokun, nenexhikun dhe lëkurën e limonit dhe lëngun në një copëz të vogël ose përpunues të vogël ushqimi në një pastë të ashpër. Spërkateni me 100 ml vaj, më pas aromatizoni dhe përzieni për ta kombinuar. Vendosni gjysmën e pestos në një enë të vogël për servirje dhe lëreni mënjanë.

b) Vendoseni pulën në një tepsi të madhe të cekët për pjekje. Duke punuar nga zgavra e qafës, përdorni gishtat për të krijuar një xhep midis lëkurës dhe mishit

c) të gjinjve. Shtyjeni peston nën lëkurën e pulës dhe fërkojeni çdo tepricë mbi lëkurë. Shtrydhni ½ limonin e mbetur mbi pulë, më pas vendoseni në zgavër. Pjekim për 20 minuta, më pas uleni furrën në 190°C/170°C ventilator/gaz 5.

d) Shtoni verën dhe 125 ml ujë në tepsi dhe piqini për 40-50 minuta të tjera derisa pula të gatuhet.

e) Vendoseni pulën në një dërrasë, mbulojeni lirshëm me fletë metalike dhe lëreni mënjanë të pushojë. Hidhni lëngjet e pjekjes nga tepsi në një enë. Shtoni bukën, rrepkat dhe shpargujt në tavën e pjekjes, hidhni me lugë pak yndyrë nga sipër lëngjeve dhe hidhni bukën dhe perimet.

f) Rrëzoni, më pas piqini për 12-15 minuta derisa perimet të zbuten dhe buka të jetë e freskët. Hidhni çdo yndyrë nga lëngjet e mbetura dhe ngroheni në një tigan për lëng mishi.

g) Përzieni peston e mbetur dhe 25 ml vaj ulliri dhe derdhni sipër pulës dhe perimeve. Shërbejeni me bizele dhe lëng mishi anash.

41. Pica e freskët e kopshtit

PËRBËRËSIT:
- Dy rrotulla gjysmëhëne në frigorifer
- Dy pako krem djathi shqeme, i zbutur
- ⅓ filxhan majonezë
- Paketa 1,4 ons e përzierjes së supës së thatë me perime
- 1 filxhan rrepka, të prera në feta
- ⅓ filxhan piper jeshil i copëtuar
- ⅓ filxhan piper i kuq i copëtuar
- ⅓ filxhan piper zile të verdhë të copëtuar
- 1 filxhan lule brokoli
- 1 filxhan lulelakër lulesh
- ½ filxhan karotë të copëtuar
- ½ filxhan selino të copëtuar

UDHËZIME:
a) Vendoseni furrën tuaj në 400 gradë F përpara se të bëni ndonjë gjë tjetër.
b) Në pjesën e poshtme të një tepsi pelte 11x14 inç, shtrini brumin me role gjysmëhëne.
c) Me gishtat, lidhni çdo shtresë së bashku për të bërë një kore.
d) Gatuani gjithçka në furrë për rreth 10 minuta.
e) Hiqni gjithçka nga furra dhe lëreni mënjanë të ftohet plotësisht.
f) Në një tas, përzieni majonezën, kremin e djathit shqeme dhe përzierjen e supës me perime.
g) Vendoseni përzierjen e majonezës mbi kore në mënyrë të barabartë,
h) Mbushni gjithçka me perimet në mënyrë të barabartë dhe shtypni butësisht në përzierjen e majonezës.
i) Mbulojeni picën me mbështjellës plastik dhe vendoseni në frigorifer gjatë gjithë natës.

42. Supë kremoze me rrepkë

PËRBËRËSIT:
- 1 tufë rrepka, të prera dhe të prera në feta
- 1 qepë, e grirë
- 2 thelpinj hudhre, te grira
- 4 gota supë perimesh
- 1 filxhan krem të rëndë
- Kripë dhe piper për shije
- Qiqra të freskëta për zbukurim

UDHËZIME:
a) Në një tenxhere të madhe kaurdisim rrepkat, qepën dhe hudhrën derisa të zbuten.
b) Shtoni lëngun e perimeve dhe lëreni të ziejë. Ziejini për 10 minuta.
c) Duke përdorur një blender zhytjeje ose blender të zakonshëm, bëjeni pure supën derisa të jetë e qetë.
d) Përzieni kremin e trashë dhe e rregulloni me kripë dhe piper.
e) Shërbejeni të nxehtë, të zbukuruar me qiqra të freskëta.

43. Supë pikante me rrepkë dhe karrota

PËRBËRËSIT:

- 1 tufë rrepka, të prera dhe të prera në feta
- 2 karota, të qëruara dhe të prera në feta
- 1 qepë, e grirë
- 2 thelpinj hudhre, te grira
- 4 gota supë perimesh
- 1 lugë çaji qimnon
- ½ lugë çaji paprika
- ¼ lugë çaji piper kajen
- Kripë dhe piper për shije
- cilantro e freskët për zbukurim

UDHËZIME:

a) Në një tenxhere të madhe kaurdisni rrepkat, karotat, qepën dhe hudhrën derisa të zbuten.
b) Shtoni lëngun e perimeve, qimnonin, paprikën dhe piperin e kuq. Lëreni të vlojë dhe ziejini për 15 minuta.
c) Duke përdorur një blender zhytjeje ose blender të zakonshëm, bëjeni pure supën derisa të jetë e qetë.
d) I rregullojmë me kripë dhe piper.
e) Shërbejeni të nxehtë, të zbukuruar me cilantro të freskët.

44. Supë me rrepkë dhe patate

PËRBËRËSIT:
- 1 tufë rrepka, të prera dhe të prera në feta
- 2 patate të qëruara dhe të prera në kubikë
- 1 qepë, e grirë
- 2 thelpinj hudhre, te grira
- 4 gota supë perimesh
- ½ filxhan qumësht ose krem
- Kripë dhe piper për shije
- Majdanoz i freskët për zbukurim

UDHËZIME:
a) Në një tenxhere të madhe kaurdisim rrepkat, patatet, qepën dhe hudhrën derisa të zbuten.
b) Shtoni lëngun e perimeve dhe lëreni të ziejë. Ziejini për 20 minuta derisa perimet të zbuten.
c) Duke përdorur një blender zhytjeje ose blender të zakonshëm, bëjeni pure supën derisa të jetë e qetë.
d) Hidhni qumështin ose kremin dhe rregulloni me kripë dhe piper.
e) Shërbejeni të nxehtë, të zbukuruar me majdanoz të freskët.

45. Supë me zarzavate me rrepkë

PËRBËRËSIT:
- Zarzavate nga 1 tufë rrepka, të lara dhe të copëtuara
- 1 qepë, e grirë
- 2 thelpinj hudhre, te grira
- 4 gota supë perimesh
- 1 luge vaj ulliri
- Lëng nga 1 limon
- Kripë dhe piper për shije
- Kos grek për zbukurim

UDHËZIME:
a) Në një tenxhere të madhe kaurdisim qepën dhe hudhrën në vaj ulliri derisa të zbuten.
b) Shtoni zarzavatet e rrepkës dhe ziejini për disa minuta derisa të thahen.
c) Shtoni lëngun e perimeve dhe lëreni të ziejë. Ziejini për 10 minuta.
d) Duke përdorur një blender zhytjeje ose blender të zakonshëm, bëjeni pure supën derisa të jetë e qetë.
e) Hidhni lëngun e limonit dhe rregulloni me kripë dhe piper.
f) Shërbejeni të nxehtë, të zbukuruar me një kos grek.

46. Supë me rrepkë të ftohtë

PËRBËRËSIT:
- 1 tufë rrepka, të prera dhe të prera në feta
- 1 kastravec i qëruar dhe i prerë
- 1 mollë jeshile, e qëruar dhe e prerë
- 2 lugë gjelle me gjethe të freskëta nenexhiku
- 2 gota supë perimesh
- Lëng nga 1 lime
- Kripë dhe piper për shije

UDHËZIME:
a) Në një blender, kombinoni rrepkat, kastravecin, mollën jeshile, gjethet e nenexhikut, lëngun e perimeve, lëngun e limonit, kripën dhe piperin.
b) Përziejini derisa të jetë e qetë.
c) Lëreni në frigorifer për të paktën 1 orë që të ftohet.
d) Shërbejeni të ftohtë, të zbukuruar me gjethe nenexhiku të freskët.

47. Supë me rrepkë dhe panxhar

PËRBËRËSIT:
- 1 tufë rrepka, të prera dhe të prera në feta
- 2 panxhar të qëruar dhe të prerë
- 1 qepë, e grirë
- 2 thelpinj hudhre, te grira
- 4 gota supë perimesh
- ¼ filxhan kos të thjeshtë grek
- Lëng nga 1 limon
- Kripë dhe piper për shije

UDHËZIME:
a) Në një tenxhere të madhe kaurdisim rrepkat, panxharin, qepën dhe hudhrën derisa të zbuten.
b) Shtoni lëngun e perimeve dhe lëreni të ziejë. Ziejini për 20 minuta derisa perimet të zbuten.
c) Duke përdorur një blender zhytjeje ose blender të zakonshëm, bëjeni pure supën derisa të jetë e qetë.
d) Përzieni kosin grek dhe lëngun e limonit. I rregullojmë me kripë dhe piper.
e) Shërbejeni të nxehtë, të zbukuruar me pak kos grek dhe një spërkatje me rrepka të copëtuara.

48. Supë me rrepkë dhe domate

PËRBËRËSIT:
- 1 tufë rrepka, të prera dhe të prera në feta
- 4 domate, të prera
- 1 qepë, e grirë
- 2 thelpinj hudhre, te grira
- 4 gota supë perimesh
- 2 lugë pastë domate
- 1 luge vaj ulliri
- Kripë dhe piper për shije
- Boriloku i freskët për zbukurim

UDHËZIME:
a) Në një tenxhere të madhe kaurdisni në vaj ulliri rrepkat, domatet, qepën dhe hudhrën derisa të zbuten.

b) Shtoni lëngun e perimeve dhe lëreni të ziejë. Ziejini për 20 minuta derisa perimet të zbuten.

c) Duke përdorur një blender zhytjeje ose blender të zakonshëm, bëjeni pure supën derisa të jetë e qetë.

d) Përzieni pastën e domates dhe rregulloni me kripë dhe piper.

e) Shërbejeni të nxehtë, të zbukuruar me gjethe boriloku të freskët.

49.Supë me kerri me rrepkë dhe kokos

PËRBËRËSIT:
- 1 tufë rrepka, të prera dhe të prera në feta
- 1 qepë, e grirë
- 2 thelpinj hudhre, te grira
- 1 lugë gjelle pluhur kerri
- 1 kanaçe qumësht kokosi
- 4 gota supë perimesh
- 1 luge vaj ulliri
- Kripë dhe piper për shije
- cilantro e freskët për zbukurim

UDHËZIME:
a) Në një tenxhere të madhe kaurdisim rrepkat, qepën dhe hudhrën në vaj ulliri derisa të zbuten.
b) Shtoni pluhur kerri dhe përzieni për një minutë.
c) Shtoni qumështin e kokosit dhe lëngun e perimeve. Lëreni të vlojë. Ziejini për 15 minuta.
d) Duke përdorur një blender zhytjeje ose blender të zakonshëm, bëjeni pure supën derisa të jetë e qetë.
e) I rregullojmë me kripë dhe piper.
f) Shërbejeni të nxehtë, të zbukuruar me cilantro të freskët.

50. Supë me rrepkë dhe spinaq

PËRBËRËSIT:
- 1 tufë rrepka, të prera dhe të prera në feta
- 2 gota gjethe të freskëta spinaqi
- 1 qepë, e grirë
- 2 thelpinj hudhre, te grira
- 4 gota supë perimesh
- 1 lugë gjelle gjalpë
- ½ filxhan qumësht ose krem
- Kripë dhe piper për shije

UDHËZIME:
a) Në një tenxhere të madhe kaurdisni në gjalpë rrepkat, spinaqin, qepën dhe hudhrën derisa të zbuten.
b) Shtoni lëngun e perimeve dhe lëreni të ziejë. Ziejini për 15 minuta.
c) Duke përdorur një blender zhytjeje ose blender të zakonshëm, bëjeni pure supën derisa të jetë e qetë.
d) Hidhni qumështin ose kremin dhe rregulloni me kripë dhe piper.
e) Shërbejeni të nxehtë, të zbukuruar me një spërkatje me feta të freskëta rrepkë.

51. Supë me rrepkë dhe kërpudha

PËRBËRËSIT:

- 1 tufë rrepka, të prera dhe të prera në feta
- 8 ons kërpudha, të prera në feta
- 1 qepë, e grirë
- 2 thelpinj hudhre, te grira
- 4 gota supë perimesh
- 2 luge vaj ulliri
- ¼ filxhan kos të thjeshtë grek
- Kripë dhe piper për shije
- Trumzë e freskët për zbukurim

UDHËZIME:

a) Në një tenxhere të madhe kaurdisni në vaj ulliri rrepkat, kërpudhat, qepën dhe hudhrën derisa të zbuten.

b) Shtoni lëngun e perimeve dhe lëreni të ziejë. Ziejini për 20 minuta derisa perimet të zbuten.

c) Duke përdorur një blender zhytjeje ose blender të zakonshëm, bëjeni pure supën derisa të jetë e qetë.

d) Përzieni kosin grek dhe kriposeni me piper.

e) Shërbejeni të nxehtë, të zbukuruar me gjethe të freskëta trumze.

52.Sallatë me patate të pjekura dhe proshuto

PËRBËRËSIT:

- Mjaltë 1 lugë çaji
- Lëng limoni 1 lugë gjelle
- Qepë të njoma (të ndara dhe të prera) 2
- Piper i kuq i ëmbël (i grirë imët) ¼ filxhan
- Pecans (të copëtuara dhe të thekura) ⅓ filxhan
- Rrepka (të prera) ½ filxhan
- Proshuto (e prerë hollë dhe e prerë) ½ filxhan
- Piper ⅛ lugë çaji
- ½ lugë çaji kripë (e ndarë)
- 4 lugë vaj ulliri (i ndarë)
- 3 patate të ëmbla, të mesme (të qëruara dhe të prera në kubikë në 1 inç)

UDHËZIME:

a) Ngroheni furrën në 400 gradë F.
b) Vendosni patatet e ëmbla në një tavë të lyer me yndyrë (15x10x1 inç).
c) Hidhni 2 lugë vaj dhe spërkatni ¼ lugë çaji kripë dhe piper dhe i hidhni siç duhet.
d) Pjekim për gjysmë ore, dhe ende në mënyrë periodike.
e) Spërkatni pak proshuto mbi patatet e ëmbla dhe skuqeni për 10 deri në 15 minuta derisa patatet e ëmbla të jenë të buta dhe proshuta të bëhet krokante.
f) Transferoni përzierjen në një tas me madhësi të madhe dhe lëreni të ftohet pak.
g) Shtoni gjysmën e qepëve të njoma, specit të kuq, arra dhe rrepkat. Merrni një tas me madhësi të vogël dhe rrihni kripën, vajin e mbetur, mjaltin dhe lëngun e limonit derisa të përzihen mirë.
h) Spërkateni mbi sallatë; hidheni siç duhet për t'u kombinuar. Spërkateni me qepët e njoma të mbetura.

53.Sallatë me shalqi me mikrogjelbër rrepkë

PËRBËRËSIT:
- 1 luge uthull balsamike
- Kripë për shije
- Një grusht mikrogjelbërimesh rrepkë
- 2 lugë vaj ulliri, ekstra i virgjër
- 1 fetë shalqi
- 2 lugë bajame të grira
- 20 g djathë feta , i grimcuar

UDHËZIME:
a) Vendosni shalqinin tuaj në një pjatë.
b) Sipër shalqirit shtrojmë djathin feta dhe bajamet.
c) Hidhni mbi to vaj ulliri ekstra të virgjër dhe uthull balsamike.
d) Shtoni sipër zarzavatet.

54.me mikrogjelbërime dhe bizele bore

PËRBËRËSIT:
VINEGRETTE
- 1 lugë çaji shurup panje
- 2 lugë çaji lëng limoni
- 2 luge uthull balsamike te bardhe
- 1 ½ filxhan luleshtrydhe të prera në kubikë
- 3 lugë vaj ulliri

SALLATË
- 2 rrepka, të prera hollë
- 6 ons mikrogjelbërime të lakrës
- 12 bizele bore, te prera holle
- Luleshtrydhe të përgjysmuara, lule të ngrënshme dhe degëza të freskëta barishtore, për zbukurim

UDHËZIME:
a) Për të bërë vinegrette, rrihni së bashku luleshtrydhet, uthullën dhe shurupin e panjeve në një pjatë për përzierje. Kullojeni lëngun dhe shtoni lëngun e limonit dhe vajin.
b) I rregullojmë me kripë dhe piper.
c) Për të përgatitur sallatën, kombinoni zarzavatet, bizelet e borës, rrepkat, luleshtrydhet e ruajtura dhe ¼ filxhan vinegrette në një tas të madh përzierjeje.
d) Shtoni luleshtrydhe të përgjysmuara, lule të ngrënshme dhe degëza të freskëta barishtore si garniturë.

55.Sallatë pranverore me mikrogjelbër

PËRBËRËSIT:
- 2 lugë gjelle kripë
- 1 grusht mikrogjelberash bizele
- ½ filxhan fasule fava, të zbardhura
- 4 karota, të prera në kubikë të vegjël, të zbardhura
- 1 grusht mikrogjelbërime Pak Choi
- 1 grusht zarzavate Wasabi Mustard
- 1 majë zarzavate amaranti
- 4 rrepka, të prera në monedha të holla
- 1 filxhan bizele, të zbardhura
- Kripë dhe piper për shije

VESHJE KAROTË-XHINXHELER
- ¼ filxhan uthull vere orizi
- ½ filxhan ujë
- Xhenxhefil 1 inç, i qëruar dhe i prerë në feta
- 1 lugë gjelle salcë soje
- 1 lugë majonezë
- Kripë Kosher dhe piper i zi për shije

UDHËZIME:
a) Kombinoni zarzavatet, rrepkat, karotat, bizelet dhe fasulet, dhe spërkatni me kripë dhe piper.
b) Përzieni xhenxhefilin, ½ filxhan karota të rezervuara, uthullën e verës së orizit dhe ujin derisa të jenë të lëmuara.
c) Hiqeni nga blenderi dhe lyeni salcën e sojës dhe majonezën .
d) Hidhni sallatën me salcën dhe shërbejeni

РАХН

56. Panxhar Hash Me Vezë

PËRBËRËSIT:
- 1 kile panxhar, të qëruar dhe të prerë në kubikë
- ½ paund patate Yukon Gold, të pastruara dhe të prera në kubikë
- Kripë e trashë dhe piper i zi i sapo bluar
- 2 lugë vaj ulliri ekstra të virgjër
- 1 qepë e vogël, e prerë në kubikë
- 2 lugë majdanoz të freskët të grirë
- 4 vezë të mëdha

UDHËZIME:
a) Në një tigan me anë të lartë, mbuloni panxharin dhe patatet me ujë dhe lërini të ziejnë. Spërkateni me kripë dhe gatuajeni derisa të zbutet, rreth 7 minuta. Kullojeni dhe fshijeni tiganin.

b) Ngrohni vajin në një tigan mbi nxehtësinë mesatare-të lartë. Shtoni panxharin dhe patatet e ziera dhe gatuajeni derisa patatet të fillojnë të marrin ngjyrë të artë për rreth 4 minuta. Ulni nxehtësinë në mesatare, shtoni qepën dhe gatuajeni, duke e trazuar, derisa të zbutet, rreth 4 minuta. Rregulloni erëzat dhe përzieni majdanozin.

c) Bëni katër puse të gjera në hash. Thyejeni nga një vezë në secilën dhe vendoseni vezën me kripë. Gatuani derisa të bardhat të jenë të përziera, por të verdhat të jenë ende të lëngshme për 5 deri në 6 minuta.

57.Pica për mëngjes me kore panxhari

PËRBËRËSIT:
PËR KRUSTËN E PICES:
- 1 filxhan panxhar të zier dhe të pure
- ¾ filxhan vakt bajame
- ⅓ filxhan miell orizi kafe
- ½ lugë çaji kripë
- 2 lugë çaji pluhur pjekjeje
- 1 lugë gjelle vaj kokosi
- 2 lugë çaji rozmarinë të copëtuara
- 1 vezë

PALLAT:
- 3 vezë
- 2 feta proshutë të gatuar të grimcuar
- avokado
- djathë

UDHËZIME :
a) Ngroheni furrën në 375 gradë
b) Përziejini të gjithë përbërësit për koren e picës
c) Piqeni për 5 minuta
d) Nxirrni dhe bëni 3 "puseta" të vogla duke përdorur pjesën e pasme të një luge ose kallëpi për akullore
e) Hidhini 3 vezët në këto "puseta"
f) Piqeni 20 minuta
g) Spërkateni me djathë dhe proshutë dhe piqni edhe për 5 minuta të tjera
h) Shtoni më shumë rozmarinë, djathë dhe avokado.

58.Beet Chips

PËRBËRËSIT:
- 4 panxhar mesatar, shpëlajini dhe prisni hollë
- 1 lugë çaji kripë deti
- 2 luge vaj ulliri
- Hummus, për servirje

UDHËZIME:
a) Ngrohni paraprakisht fryerjen e ajrit në 380°F.
b) Në një tas të madh, hidhni panxharin me kripë deti dhe vaj ulliri derisa të lyhen mirë.
c) I vendosim fetat e panxharit në fërgesë me ajër dhe i shpërndajmë në një shtresë të vetme.
d) Skuqini për 10 minuta. Përziejini, më pas skuqini për 10 minuta të tjera. Përziejini përsëri, më pas skuqini për 5 deri në 10 minutat e fundit, ose derisa patatet e skuqura të arrijnë krokanitetin e dëshiruar.
e) Shërbejeni me një humus të preferuar.

59. Panxhari i koprës dhe hudhrës

PËRBËRËSIT:
- 4 panxhar të pastruar, të qëruar dhe të prerë në feta
- 1 thelpi hudhër, e grirë
- 2 lugë gjelle kopër të freskët të copëtuar
- ¼ lugë çaji kripë
- ¼ lugë çaji piper i zi
- 3 lugë vaj ulliri

UDHËZIME:
a) Ngrohni paraprakisht fryerjen e ajrit në 380°F.
b) Në një tas të madh, përzieni të gjithë përbërësit në mënyrë që panxhari të lyhet mirë me vaj.
c) Hidheni përzierjen e panxharit në koshin e fryerjes me ajër dhe piqini për 15 minuta përpara se ta përzieni, më pas vazhdoni pjekjen për 15 minuta të tjera.

60. Sallatë me meze me panxhar

PËRBËRËSIT:

- 2 paund Panxhar
- Kripë
- ½ secila Qepë spanjolle, e prerë në kubikë
- 4 Domate, të grira, të prera me fara dhe të prera në kubikë
- 2 luge uthull
- 8 lugë vaj ulliri
- Ullinj të zi
- 2 secili Thelpinj hudhër, të copëtuara
- 4 lugë gjelle Majdanoz italian, i grirë
- 4 lugë gjelle Cilantro, i copëtuar
- 4 mediume Patate, të ziera
- Kripë dhe piper
- Piper i kuq i nxehtë

UDHËZIME:

a) Pritini skajet e panxharit. Lani mirë dhe ziejini në ujë të vluar me kripë derisa të zbuten. Kullojeni dhe hiqni lëkurat nën ujë të ftohtë të rrjedhshëm. Zare.

b) Përzieni përbërësit e salcës.

c) Kombinoni panxharin në një tas sallatë me qepën, domaten, hudhrën dhe majdanozin. Hidhni mbi gjysmën e salcës, hidheni butësisht dhe ftoheni për 30 minuta. Pritini patatet, vendosini në një tas të cekët dhe hidhini me pjesën e mbetur të salcës. Qetë.

d) Kur të jeni gati për t'u mbledhur, vendosni panxharët, domatet dhe qepët në qendër të një tasi të cekët dhe rregulloni patatet në një unazë rreth tyre. Dekoroni me ullinj.

61.Varkat e panxharit

PËRBËRËSIT:
- 8 të vogla Panxhari
- 10 ons mish Gaforre, i konservuar ose i freskët
- 2 lugë çaji Majdanoz i freskët i grirë
- 1 lugë çaji Lëng limoni

UDHËZIME:

a) Ziejini panxharët me avull për 20-40 minuta, ose derisa të zbuten. Shpëlajeni me ujë të ftohtë, qëroni dhe lëreni të ftohet. Ndërkohë përzieni mishin e gaforres, majdanozin dhe lëngun e limonit.

b) Kur panxhari të jetë ftohur, përgjysmoni dhe hiqni qendrat me një balonë pjepri ose lugë çaji, duke bërë një zgavër. Gjëra me përzierje gaforre.

c) Shërbejeni si meze, ose për drekë së bashku me zarzavate të panxharit të skuqur.

62. Panxhar Fritters

PËRBËRËSIT:
- 2 gota Panxhar i papërpunuar i grirë
- ¼ filxhan Qepë, e prerë në kubikë
- ½ filxhan Therrime buke
- 1 i madh Vezë, e rrahur
- ¼ lugë çaji Xhenxhefil
- Kripë dhe piper për shije

UDHËZIME:
a) Përziejini të gjithë përbërësit. Hidhni pjesë të madhësisë së petullave në një tigan të nxehtë me vaj.
b) Gatuani deri në kafe, duke e kthyer një herë.
c) Shërbejeni sipër me gjalpë, salcë kosi, kos ose ndonjë kombinim të tyre.

63. Panxhar i mbushur

PËRBËRËSIT:
- 6 te medha Panxhari
- 6 lugë gjelle Djathë i mprehtë i grirë
- 2 lugë gjelle Therrime buke
- 2 lugë gjelle salcë kosi
- 1 lugë gjelle Kënaqësi turshi
- ½ lugë çaji Kripë
- ¼ lugë çaji Piper
- ¼ filxhan Gjalpë
- ¼ filxhan verë e Bardhë

UDHËZIME:
a) Zbrazni panxharin ose përdorni panxharët që janë përdorur për të bërë garnitura me kallam karamele.

b) Gatuani panxharët e zgavruar në ujë pak të kripur derisa të zbuten.

c) Ftoheni dhe hiqni lëkurat. Ngroheni furrën në 350F. Përzieni djathin, thërrimet e bukës, salcë kosi, shijet e turshive dhe erëzat.

d) Mbushni panxharët me këtë përzierje dhe vendosini në një enë pjekjeje të lyer me yndyrë të cekët. Lyejeni me gjalpë dhe piqini pa mbuluar në një furrë 350 F për 15 deri në 20 minuta.

e) Shkrini gjalpin dhe përzieni me verën e bardhë dhe lëreni herë pas here për të mbajtur lagështi.

64.Skumbri spanjoll i pjekur në skarë me mollë dhe panxhar

PËRBËRËSIT:
- 2 skumbri spanjoll (rreth 2 paund secila), të shkallëzuara dhe të pastruara, me gushë të hequra
- 2¼ gota shëllirë kopër
- 1 luge vaj ulliri
- 1 qepë mesatare, e grirë hollë
- 2 panxhar mesatar, të pjekur, të zier, të pjekur në skarë ose të konservuar; i grirë imët
- 1 mollë tortë, e qëruar, e prerë dhe e grirë hollë
- 1 thelpi hudhër, e grirë
- 1 lugë gjelle kopër të freskët ose kopër të grirë imët
- 2 lugë djathë dhie të freskët
- 1 gëlqere e prerë në 8 copa

UDHËZIME:
a) Shpëlajeni peshkun dhe vendoseni në një qese 1 gallon me zinxhir me shëllirë, shtypni ajrin dhe mbylleni qesen. Lëreni në frigorifer për 2 deri në 6 orë.

b) Ngrohni vajin në një tigan të madh mbi nxehtësinë mesatare. Shtoni qepët dhe skuqini derisa të zbuten, rreth 3 minuta. Shtoni panxharin dhe mollën dhe skuqeni derisa molla të zbutet, rreth 4 minuta. Përzieni hudhrën dhe koprën dhe ngroheni, rreth 1 minutë. Ftoheni përzierjen në temperaturën e dhomës dhe përzieni djathin e dhisë.

c) Ndërkohë ndizni një skarë për nxehtësi mesatare të drejtpërdrejtë, rreth 375¡F.

d) Hiqeni peshkun nga shëllira dhe thajeni. Hidhni shëllirën. Mbushni zgavrat e peshkut me përzierjen e ftohur të panxharit dhe mollës dhe sigurojeni me fije, nëse është e nevojshme.

e) Lyejeni grilin me furçë dhe lyejeni me vaj. Piqni peshkun në skarë derisa lëkura të jetë e freskët dhe peshku të duket i errët në sipërfaqe, por është ende i filmuar dhe i lagësht në mes (130¼F në një termometër me lexim të menjëhershëm), 5 deri në 7 minuta për anë. Hiqeni peshkun në një pjatë servirjeje dhe shërbejeni me copat e gëlqeres.

65. Rizoto me panxhar

PËRBËRËSIT:
- 50 g gjalpë
- 1 qepë e grirë hollë
- 250 gr oriz rizoto
- 150 ml verë të bardhë
- 1 litër lëng perimesh
- 300 g panxhar të zier
- 1 limon i grire dhe i lenguar
- majdanoz me gjethe të sheshta një tufë e vogël, e grirë përafërsisht
- 125 g djathë të butë dhie
- një grusht arra të thekura dhe të grira

UDHËZIME:
a) Shkrini gjalpin në një tigan të thellë dhe ziejini qepën me pak erëza për 10 minuta derisa të zbutet. Hidhni orizin dhe përzieni derisa të mbulohet çdo kokërr, më pas derdhni verën dhe flluskat për 5 minuta.

b) Shtoni lëngun nga një lugë, duke e trazuar, vetëm duke shtuar më shumë pasi grumbulli i mëparshëm të jetë thithur.

c) Ndërkohë, merrni ½ panxharin dhe përzieni në një blender të vogël derisa të jetë homogjen, dhe copëtoni pjesën e mbetur.

d) Pasi orizi të jetë gatuar, përzieni me panxharët e grirë dhe të grirë, lëkurën dhe lëngun e limonit dhe pjesën më të madhe të majdanozit. Ndani mes pjatave dhe sipër me djathë dhie të thërrmuar, arrat dhe majdanozin e mbetur.

66. Rrëshqitëse panxhari me mikrogjelbërime

PËRBËRËSIT:
PAXH
- 1 thelpi hudhër, pak të grirë dhe të qëruar
- 2 karota të qëruara, të prera
- Hidhni kripë dhe piper
- 1 qepë e qëruar dhe e grirë në katër pjesë
- 4 panxhar
- 1 lugë fara qimnon
- 2 kërcell selino të shpëlarë, të prera

VESHJA:
- ½ filxhan majonezë
- ⅓ filxhan dhallë
- ½ filxhan majdanoz të copëtuar, qiqra, tarragon ose trumzë
- 1 lugë gjelle lëng limoni të freskët të shtrydhur
- 1 lugë çaji pastë açuge
- 1 thelpi hudhër të copëtuar
- Kripë dhe piper

MBULIMI:
- Simite rrëshqitëse
- 1 qepë e kuqe e prerë hollë
- Një grusht mikrogjelbërimesh të përziera

UDHËZIME:
VESHJA
a) Kombinoni dhallë, barishte, majonezë, lëng limoni, paste açuge, hudhër, kripë dhe piper.

PAXH
b) Në një furrë holandeze zieni panxharin, selinon, karotat, qepët, hudhrat, farat e qimnotit, kripën dhe piperin për 55 minuta.

c) Qëroni panxharin dhe pritini në feta.

d) Skuqeni fetat e panxharit për 3 minuta nga secila anë në një tigan gatimi të lyer me spërkatje.

PËR TË MBLEDHUR
e) Rregulloni simitet rrëshqitës në një pjatë dhe sipër i hidhni panxhar, vinegrette, qepë të kuqe dhe mikro zarzavate.

f) Kënaquni.

67. Karkaleca me Amarant & Djath Dhie

PËRBËRËSIT:
- 2 Panxhar të Spiralizuar
- 4 oz djathë dhie i zbutur
- ½ filxhan Rukola Mikrogjelbra të copëtuara lehtë
- ½ filxhan Amaranth Microgreens Të copëtuara lehtë
- 1 kile karkaleca
- 1 filxhan arra te grira
- ¼ filxhan Sheqer kallami të papërpunuar
- 1 lugë gjelle Gjalpë
- 2 lugë vaj ulliri ekstra të virgjër

UDHËZIME:
a) Lëreni djathin e dhisë të zbutet për 30 minuta përpara se të filloni përgatitjet.
b) Ngroheni furrën në 375 gradë
c) Ngroheni një tigan mbi nxehtësinë mesatare.
d) Shtoni arrat, sheqerin dhe gjalpin në tigan dhe përzieni shpesh mbi nxehtësinë e moderuar.
e) Përzieni vazhdimisht pasi sheqeri të fillojë të shkrihet.
f) Pasi të jenë lyer arrat i transferojmë menjëherë në një fletë letre pergamene dhe ndajmë arrat që të mos ngurtësohen të ngjitura së bashku. Le menjane
g) Pritini panxharin në spirale.
h) Hidhni spirale me vaj ulliri dhe kripë deti.
i) Përhapeni panxharin në një tepsi dhe piqini në furrë për 20 - 25 minuta.
j) Shpëlaj karkaleca dhe shtoni në një tenxhere.
k) Mbushni një tigan me ujë dhe kripë deti. Lëreni të vlojë.
l) Kullojeni ujin dhe vendoseni në një banjë akulli për të ndaluar gatimin.
m) Prisni dhe copëtoni lehtë zarzavatet e rukolës. Le menjane.
n) Djathit të zbutur shtoni mikrogjelbërime, duke lënë mënjanë disa majë nga çdo mikrogjelbër.
o) Përziejini mikrokulturat dhe djathin.
p) Grini përzierjen e djathit në një top.
q) Panxhar pjatë.

r) Sipër panxharit shtoni një lugë djathë.
s) Vendosni arra rreth pjatës.
t) Shtoni karkalecat dhe spërkatni me mikrozarzavatet e mbetura, kripë dhe piper të grirë.

68. Fiston të pjekur në skarë me një salcë panxhari të freskët

PËRBËRËSIT:
- 1¼ filxhan lëng panxhari të freskët
- Vaj ulliri me fruta
- 1 lugë çaji uthull verë e bardhë
- Kripë Kosher; për shije
- Piper i zi i sapo bluar; për shije
- 1¼ paund Fiston të freskët deti
- Disa pika lëng limoni të freskët
- 1 kile Gjethe të reja të kale; bërthama e fortë qendrore është hequr
- Disa pika uthull Sherry
- Qiqra të freskëta; prerë në shkopinj
- Zare të vogla me spec të verdhë

UDHËZIME:
a) Vendoseni lëngun e panxharit në një tenxhere jo reaktive dhe zieni derisa të reduktohet në afërsisht ½ filxhan.

b) Fikni zjarrin, përzieni 2 deri në 3 lugë vaj ulliri ngadalë në zvogëlim për të trashur salcën. Hidhni uthullën e verës së bardhë, kripën dhe piperin për shije. Lëreni mënjanë dhe mbajeni të ngrohtë.

c) Lyejeni pak me vaj fiston dhe i rregulloni me kripë, piper dhe disa pika lëng limoni.

d) Lyejini gjethet e lakra jeshile me vaj dhe i rregulloni lehtë. Grini kale në skarë nga të dyja anët derisa gjethet të jenë djegur pak dhe të gatuhen.

e) Grijini fiston derisa të jenë gatuar (qendra duhet të jetë pak e errët). Rregulloni kale në mënyrë tërheqëse në qendër të pjatave të ngrohta dhe hidhni disa pika uthull sheri mbi të.

f) Vendosni sipër fiston dhe vendosni salcën e panxharit përreth. E zbukurojmë me shkopinj qiqrash dhe piper të verdhë dhe e shërbejmë menjëherë.

PATATE E EMBEL

69. Frittata me patate dhe spinaq

PËRBËRËSIT:
- 1 patate e ëmbël mesatare, e qëruar dhe e prerë në kubikë
- 1 filxhan gjethe spinaqi të freskët
- 1/2 qepë, të prerë në kubikë
- 4 vezë
- 1/4 filxhan qumësht
- Kripë dhe piper për shije
- Vaj ulliri për gatim

UDHËZIME:

a) Ngrohni furrën në 350°F (175°C).

b) Ngrohni vajin e ullirit në një tigan të sigurt për furrë mbi nxehtësinë mesatare.

c) Shtoni në tigan pataten e ëmbël dhe qepën e prerë në kubikë dhe gatuajeni derisa patatet e ëmbla të jenë të buta, rreth 8-10 minuta.

d) Shtoni gjethet e spinaqit dhe gatuajeni derisa të thahen, rreth 2 minuta.

e) Në një tas, përzieni vezët, qumështin, kripën dhe piperin.

f) Derdhni përzierjen e vezëve mbi pataten e ëmbël dhe spinaqin në tigan.

g) Gatuani në sobë për disa minuta derisa skajet të fillojnë të ngurtësohen.

h) Transferoni tiganin në furrën e nxehur më parë dhe piqni për rreth 12-15 minuta, ose derisa frittata të vendoset në qendër.

i) E heqim nga furra dhe e lëmë të ftohet pak para se ta presim në feta dhe ta servirim.

70.Tas mëngjesi me patate të ëmbla

PËRBËRËSIT:
- 1 patate e ëmbël mesatare, e pjekur dhe e grirë
- 1/2 filxhan kos grek
- 2 lugë mjaltë
- 1/4 filxhan granola
- Manaferrat e freskët për sipër

UDHËZIME:

a) Në një tas, kombinoni pure patatesh të ëmbël, kos grek dhe mjaltë.
b) I trazojmë mirë që të bashkohen.
c) Mbi përzierjen e patates së ëmbël me granola dhe manaferrat e freskëta.
d) Shijoni tasin e mëngjesit me patate të ëmbël të ftohtë ose në temperaturë dhome.

71. Tavë mëngjesi me patate të ëmbla dhe sallam

PËRBËRËSIT:
- 2 gota patate të ëmbla të gatuara dhe pure
- 1 kile sallam mëngjesi, i gatuar dhe i grimcuar
- 1/2 qepë, të prerë në kubikë
- 1 spec zile, i prerë në kubikë
- 1 filxhan djathë çedër i grirë
- 8 vezë
- 1/2 filxhan qumësht
- Kripë dhe piper për shije

UDHËZIME:
a) Ngrohni furrën në 350°F (175°C).
b) Në një enë pjekjeje të lyer me yndyrë, shtrojini patatet e ëmbla të grira, sallamin e gatuar, qepën e prerë në kubikë, piperin e prerë në kubikë dhe djathin çedër të grirë.
c) Në një tas, përzieni vezët, qumështin, kripën dhe piperin.
d) Masën e vezëve e hedhim sipër përbërësve në enën e pjekjes.
e) E pjekim për rreth 30-35 minuta, ose derisa vezët të jenë vendosur dhe pjesa e sipërme të marrë ngjyrë kafe të artë.
f) Lëreni tavën të ftohet për disa minuta përpara se ta prisni në feta dhe ta servirni.

72. Biskota për mëngjes me patate të ëmbla

PËRBËRËSIT:
- 1 filxhan patate të ëmbla të gatuara dhe pure
- 1/4 filxhan gjalpë bajame
- 1/4 filxhan mjaltë
- 1 lugë çaji ekstrakt vanilje
- 1 filxhan tërshërë të mbështjellë
- 1/2 filxhan miell gruri të plotë
- 1/2 lugë çaji pluhur pjekjeje
- 1/2 lugë çaji kanellë të bluar
- 1/4 lugë çaji kripë
- 1/4 filxhan boronica të thata ose rrush të thatë
- 1/4 filxhan arra të copëtuara (opsionale)

UDHËZIME:
a) Ngrohni furrën në 350°F (175°C) dhe vendosni një fletë pjekjeje me letër furre.
b) Në një tas, kombinoni pure patatesh të ëmbla, gjalpë bajame, mjaltë dhe ekstrakt vanilje. Përziejini mirë.
c) Në një tas të veçantë, rrihni së bashku tërshërën, miellin e grurit, pluhurin për pjekje, kanellën dhe kripën.
d) Shtoni përbërësit e thatë në përzierjen e patates së ëmbël dhe përzieni derisa të kombinohen.
e) Palosni boronicat e thata ose rrushin e thatë dhe arrat e copëtuara, nëse dëshironi.
f) Hidhni lugë nga brumi i biskotave në fletën e përgatitur për pjekje.
g) Piqni për rreth 12-15 minuta, ose derisa biskotat të kenë marrë një ngjyrë të lehtë të artë.
h) Lërini biskotat të ftohen në tepsi përpara se t'i transferoni në një raft teli që të ftohen plotësisht.

73. Tavë për mëngjes me patate të ëmbla dhe proshutë

PËRBËRËSIT:
- 2 patate të ëmbla mesatare, të qëruara dhe të prera në kubikë
- 4 feta proshutë, të prera
- 1/2 qepë, të prerë në kubikë
- 1 spec zile, i prerë në kubikë
- 4 vezë
- Kripë dhe piper për shije

UDHËZIME:
a) Në një tigan, gatuajeni proshutën e copëtuar derisa të bëhet krokante. Hiqeni nga tigani dhe lërini mënjanë.

b) Në të njëjtën tigan, shtoni patatet e ëmbla të prera në kubikë dhe gatuajeni derisa të zbuten, rreth 8-10 minuta.

c) Shtoni qepën e prerë në kubikë dhe specin zile në tigan dhe ziejini derisa të zbuten, rreth 3-4 minuta.

d) Shtyjeni përzierjen e patates së ëmbël në njërën anë të tiganit dhe thyeni vezët në anën tjetër.

e) I rregullojmë me kripë dhe piper.

f) Gatuani derisa vezët të jenë bërë sipas dëshirës tuaj dhe patatet e ëmbla të karamelizohen pak.

g) Spërkateni proshutën e gatuar mbi tigan.

h) Shërbejeni tiganin e mëngjesit me patate të ëmbël dhe proshutë të nxehtë.

74.Tas ëmbëlsirash me patate të ëmbla

PËRBËRËSIT:
- 1 patate e ëmbël mesatare, e pjekur dhe e qëruar
- 1 banane e ngrirë
- 1/2 filxhan kos grek
- 1/2 filxhan qumësht bajame (ose ndonjë qumësht tjetër sipas dëshirës tuaj)
- 1 lugë gjelle mjaltë ose shurup panje
- Mbushjet: banane e prerë në feta, granola, thekon kokosi, fara chia

UDHËZIME:
a) Në një blender, kombinoni patate të ëmbël të pjekur, banane të ngrirë, kos grek, qumësht bajame dhe shurup mjalti ose panje.
b) Përziejini derisa të jenë të lëmuara dhe kremoze.
c) Hidheni smoothie-n në një tas dhe shtoni mbushjet e dëshiruara, të tilla si banane e prerë në feta, granola, thekon kokosi dhe fara chia.
d) Shijoni menjëherë tasin e smoothie-t me patate të ëmbël.

75.Tas Burrito për mëngjes me patate të ëmbla

PËRBËRËSIT:
- 2 patate të ëmbla mesatare, të qëruara dhe të prera në kubikë
- 1 luge vaj ulliri
- 1 lugë çaji paprika
- Kripë dhe piper për shije
- 4 vezë, të fërguara
- 1 filxhan fasule të zeza, të lara dhe të kulluara
- Salsa ose salcë e nxehtë për servirje
- Feta avokado për zbukurim

UDHËZIME:
a) Ngrohni furrën në 425°F (220°C).
b) Hidhni patatet e ëmbla të prera në kubikë me vaj ulliri, paprika, kripë dhe piper në një enë pjekjeje.
c) Piqini në furrë për rreth 20-25 minuta, ose derisa patatet e ëmbla të jenë të buta dhe pak krokante.
d) Në një tas, shtroni patate të ëmbla të pjekura, vezë të fërguara dhe fasule të zeza.
e) Hidhni sipër salsa ose salcë të nxehtë dhe zbukurojeni me feta avokadoje.
f) Shërbejeni tasin me burrito të mëngjesit me patate të ëmbël të ngrohtë.

76. Ceviche Peruano

PËRBËRËSIT:

- 2 patate mesatare
- 2 secila patate të ëmbla
- 1 qepë e kuqe, e prerë në rripa të hollë
- 1 filxhan lëng limoni të freskët
- ½ kërcell selino, i prerë në feta
- ¼ filxhan gjethe cilantro të paketuara lehtë
- 1 majë qimnon të bluar
- 1 thelpi hudhër, e grirë
- 1 piper habanero
- 1 majë kripë dhe piper i sapo bluar
- 1 kile tilapia e freskët e prerë në ½ inç
- 1 kile karkaleca të mesme - të qëruara,

UDHËZIME:

a) Vendosni patatet dhe patatet e ëmbla në një tenxhere dhe mbulojini me ujë. Vendosni qepën e prerë në një enë me ujë të ngrohtë.

b) Përzieni selino, cilantro dhe qimnon, dhe përzieni hudhrën dhe piperin habanero. I rregullojmë me kripë dhe piper, më pas i përziejmë tilapinë dhe karkalecat e prera në kubikë

c) Për t'i shërbyer, qëroni patatet dhe pritini në feta. Përzieni qepët në përzierjen e peshkut. Lini tasat e servirjes me gjethe marule. Hidhni me lugë ceviçen e cila përbëhet nga lëngu në tas dhe zbukurojeni me feta patate.

77.Fritters Sweet-patate Gingered

PËRBËRËSIT:
- A; (1/2 kile) patate e ëmbël
- 1½ lugë çaji Xhenxhefil i freskët i qëruar i grirë
- 2 lugë çaji lëng limoni të freskët
- ¼ lugë çaji Piper i kuq i tharë i nxehtë
- ¼ lugë çaji kripë
- 1 vezë e madhe
- 5 lugë miell për të gjitha përdorimet
- Vaj vegjetal për tiganisje të thellë

UDHËZIME:

a) Në një procesor ushqimi copëtoni imët pataten e ëmbël të grirë me xhenxhefilin, lëngun e limonit, specat e kuq dhe kripën, shtoni vezën dhe miellin dhe përzieni mirë masën.

b) Në një tenxhere të madhe ngrohni 1½ inç vaj dhe hidhni lugë gjelle nga përzierja e patates së ëmbël në vaj derisa të marrin ngjyrë të artë

c) Transferoni skuqjet në peshqir letre për t'u kulluar.

78.Kafshimet e patates së ëmbël marshmallow

PËRBËRËSIT:
- 4 patate të ëmbla, të qëruara dhe të prera në feta
- 2 lugë gjalpë të shkrirë me bazë bimore
- 1 lugë çaji shurup panje
- Kripë Kosher
- Qese 10 ons me marshmallows
- ½ filxhan gjysma të pekanit

UDHËZIME:
a) Ngroheni furrën në 400 gradë Fahrenheit.
b) Hidhni patatet e ëmbla me gjalpë të shkrirë me bazë bimore dhe shurup panje në një tepsi dhe rregulloni ato në një shtresë të barabartë. I rregullojmë me kripë dhe piper.
c) Piqni derisa të jetë i butë, rreth 20 minuta, duke e kthyer në gjysmë të rrugës. Hiq.
d) Përziejini çdo patate të ëmbël me një marshmallow dhe ziejini për 5 minuta .
e) Shërbejeni menjëherë me një gjysmë pecan sipër çdo marshmallow.

79.Patate të ëmbla të mbushura

PËRBËRËSIT:
- 1 gotë ujë
- 1 patate e embel
- 1 lugë gjelle shurup panje të pastër
- 1 lugë gjelle gjalpë bajame
- 1 lugë gjelle pekan të grirë
- 2 lugë boronica
- 1 lugë çaji fara chia
- 1 lugë çaji kerri p aste

UDHËZIME:

a) Në tenxheren tuaj të çastit, shtoni një gotë ujë dhe raftin e avullit.

b) Mbyllni kapakun dhe vendosni pataten e ëmbël në raft, duke u siguruar që valvula e lëshimit të jetë në pozicionin e duhur.

c) Ngrohni paraprakisht tenxheren e menjëhershme në presion të lartë për 15 minuta me dorë. Do të duhen disa minuta që presioni të rritet.

d) Pasi kohëmatësi të fiket, lëreni presionin të bjerë natyrshëm për 10 minuta. Për të shkarkuar çdo presion të mbetur, rrotulloni valvulën e lëshimit.

e) Pasi të ketë rënë valvula notuese, hiqni pataten e ëmbël duke hapur kapakun.

f) Kur patatja e ëmbël të jetë ftohur mjaftueshëm për t'u trajtuar, prejeni në gjysmë dhe grijeni mishin me një pirun.

g) Hidhni sipër pecans, boronica dhe fara chia, më pas spërkatni me shurup panje dhe gjalpë bajame.

80. Patate të ëmbla Tempura

PËRBËRËSIT:
- 2 patate të ëmbla të mesme
- Vaj vegjetal, për tiganisje
- 1 filxhan miell për të gjitha përdorimet
- ¼ filxhan niseshte misri
- ½ lugë çaji kripë
- 1 filxhan ujë të ftohtë me akull
- Salcë zhytjeje sipas zgjedhjes suaj (p.sh. salcë soje, salcë ponzu ose salcë e ëmbël djegës)

UDHËZIME:
a) Qëroni patatet e ëmbla dhe pritini në feta të holla ose shkrepëse. Zhytini ato në ujë të ftohtë për disa minuta për të hequr niseshtenë e tepërt. Kullojeni dhe thajeni duke përdorur një peshqir letre.
b) Ngrohni vajin vegjetal në një tigan të thellë ose në një tenxhere të madhe në rreth 350°F (175°C).
c) Në një tas përzieni, bashkoni miellin e gjithanshëm, niseshtën e misrit dhe kripën. Gradualisht shtoni ujin e ftohtë me akull, duke e përzier butësisht, derisa të arrini një konsistencë të butë të brumit. Kini kujdes të mos përzieni shumë; është në rregull nëse ka disa gunga.
d) Zhytni çdo fetë patate të ëmbël ose shkrepëse në brumin e tempurës, duke u siguruar që të jetë lyer në mënyrë të barabartë. Lëreni brumin e tepërt të pikojë përpara se ta vendosni me kujdes në vajin e nxehtë.
e) Skuqini patatet e ëmbla në tufa, duke u kujdesur që të mos mbipopulloni tiganin ose tenxheren. I gatuajini për rreth 2-3 minuta ose derisa masa e tempurës të marrë ngjyrë të artë dhe krokante. I heqim nga vaji me anë të një luge të prerë ose me mashë dhe i kalojmë në një pjatë të veshur me peshqir letre për të thithur vajin e tepërt.
f) Përsëriteni procesin me patatet e ëmbla të mbetura derisa të jenë gatuar të gjitha.
g) Shërbejini patatet e ëmbla tempura të nxehta me një salcë zhytjeje sipas dëshirës tuaj. Ata bëjnë një meze të shijshme dhe

krokante ose mund të shërbehen si një pjatë anësore me një vakt kryesor.

81.Tempura e gjelit dhe patates së ëmbël

PËRBËRËSIT:
- 2 kotele gjeldeti, të prera hollë
- 1 patate e ëmbël e vogël, e qëruar dhe e prerë në feta hollë
- 1 filxhan miell për të gjitha përdorimet
- ¼ filxhan niseshte misri
- ¼ lugë çaji pluhur pjekjeje
- ¼ lugë çaji kripë
- 1 filxhan ujë të ftohtë me akull
- Vaj vegjetal për tiganisje
- Salcë mustardë mjalti ose salca e preferuar e zhytjes për servirje

UDHËZIME:
a) Pritini copat e gjelit të detit dhe pataten e ëmbël në rripa të hollë.
b) Në një tas, përzieni miellin, niseshtën e misrit, pluhurin për pjekje dhe kripën.
c) Gradualisht shtoni ujin e ftohtë në akull tek përbërësit e thatë, duke e trazuar derisa brumi të jetë i qetë me gunga.
d) Ngrohni vajin vegjetal në një tigan të thellë ose në një tenxhere të madhe në 180°C (360°F).
e) Zhytni çdo rrip gjeldeti dhe fetë e patates së ëmbël në brumë, duke i mbuluar ato në mënyrë të barabartë.
f) Vendoseni me kujdes gjelin e detit dhe pataten e ëmbël në vaj të nxehtë dhe skuqini derisa të marrin ngjyrë kafe të artë, duke i kthyer një herë për t'u gatuar njëtrajtshëm.
g) Përdorni një lugë të prerë për të hequr gjelin e skuqur dhe pataten e ëmbël nga vaji dhe transferojini në një pjatë të veshur me peshqir letre për të kulluar vajin e tepërt.
h) Shërbejeni tempurën e gjelit të detit dhe patates së ëmbël me salcën e mustardës së mjaltit ose salcën tuaj të preferuar për një kombinim të shijshëm shijesh.

82.S Nachos me patate të njoma

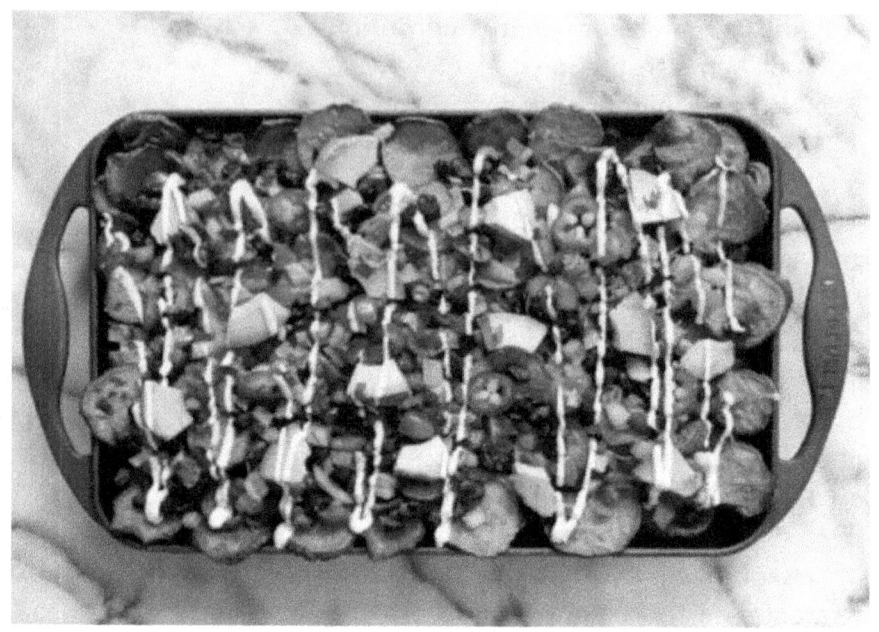

PËRBËRËSIT:

- 1 luge vaj ulliri
- ⅓ filxhan domate të copëtuar
- ⅓ filxhan avokado të copëtuar
- 1 lugë çaji djegës pluhur
- 1 lugë çaji hudhër pluhur
- 3 patate të ëmbla
- 1½ lugë çaji paprika
- ⅓ filxhan djathë çedar i grirë me pak yndyrë

UDHËZIME:

a) Ngroheni furrën në 425 gradë Fahrenheit. Lyejmë tavat e pjekjes me llak gatimi jongjitës dhe i mbulojmë me folie.
b) Qëroni dhe prisni hollë patatet e ëmbla në rrumbullakët 14 inç.
c) Hidhni rrumbullakët me vaj ulliri, pluhur djegës, hudhër pluhur dhe paprikë.
d) Përhapeni në mënyrë të barabartë në tavën e nxehur më parë dhe piqini për 25 minuta, duke e kthyer në gjysmë të kohës së gatimit derisa të bëhet e freskët.
e) Hiqeni tiganin nga furra dhe sipër patateve të ëmbla me fasule dhe djathë.
f) E pjekim edhe 2 minuta derisa djathi të shkrihet.
g) Hidhni në të domatet dhe avokadon. Shërbejeni.

83.Patate të ëmbla të pjekura

PËRBËRËSIT:
- 2 patate të ëmbla të mëdha
- 2 luge vaj ulliri
- Kripë dhe piper për shije

UDHËZIME:
a) Ngrohni furrën në 375°F (190°C).

b) Lani dhe qëroni patatet e ëmbla. Pritini ato hollë duke përdorur një prerës mandoline ose një thikë të mprehtë.

c) Në një tas të madh, hidhni fetat e patates së ëmbël me vaj ulliri, kripë dhe piper derisa të mbulohen në mënyrë të barabartë.

d) Vendosini fetat në një shtresë të vetme në një tepsi të veshur me letër furre.

e) Piqni për 15-20 minuta, duke i kthyer patatet e skuqura deri në gjysmë, derisa të bëhen krokante dhe të skuqen lehtë.

f) Hiqini nga furra dhe lërini patatet e skuqura të ftohen përpara se t'i shërbeni.

84.erëza me kerri

PËRBËRËSIT:
- 2 patate të ëmbla të mëdha
- 2 luge vaj ulliri
- 1 lugë çaji pluhur kerri
- ½ lugë çaji kripë
- ¼ lugë çaji shafran i Indisë i bluar
- ¼ lugë çaji qimnon i bluar

UDHËZIME:
a) Ngrohni furrën në 375°F (190°C).
b) Lani dhe qëroni patatet e ëmbla. Pritini ato hollë duke përdorur një prerës mandoline ose një thikë të mprehtë.
c) Në një tas, hidhni fetat e patates së ëmbël me vaj ulliri, pluhur kerri, kripë, shafran i Indisë dhe qimnon derisa të lyhen mirë.
d) Vendosini fetat në një shtresë të vetme në një tepsi të veshur me letër furre.
e) Piqni për 15-20 minuta, duke i kthyer patatet e skuqura deri në gjysmë, derisa të bëhen krokante dhe të skuqen lehtë.
f) Hiqini nga furra dhe lërini patatet e skuqura të ftohen përpara se t'i shërbeni.

85. Bbq Patate të ëmbla Crisps

PËRBËRËSIT:
- 2 patate të ëmbla mesatare
- 2 luge vaj ulliri
- 1 lugë gjelle erëza BBQ
- ½ lugë çaji kripë

UDHËZIME:
a) Ngrohni furrën në 375°F (190°C).
b) Lani dhe qëroni patatet e ëmbla.
c) Pritini hollë patatet e ëmbla duke përdorur një prerës mandoline ose një thikë të mprehtë.
d) Në një tas, kombinoni vaj ulliri, erëza BBQ dhe kripë.
e) Hidhini fetat e patates së ëmbël në përzierje derisa të mbulohen mirë.
f) Vendosini fetat e patates së ëmbël në një tepsi të veshur me letër furre.
g) Piqni për 15-20 minuta ose derisa të bëhen krokante dhe të karamelizohen pak.
h) Lërini patate të skuqura të ftohen përpara se t'i shërbeni.

86.Rrumbullakët e patates së ëmbël

PËRBËRËSIT:
- Kripë dhe piper
- ½ patate e ëmbël e pjekur, e prerë në feta
- 2 vezë
- ½ filxhan zarzavate të zgjedhura: mikrogjelbërime, rukola, spinaq ose të tjera
- EVOO

UDHËZIME:
a) Vendosni ¾ e zarzavateve në një pjatë dhe spërkatni lehtë me vaj ulliri dhe pak kripë.
b) Ngroheni tiganin ose tiganin në nxehtësi mesatare.
c) Shtoni vaj ulliri dhe më pas vendosni fetat e patates së ëmbël në tigan.
d) I rregullojmë me kripë dhe piper.
e) Gatuani derisa pjesa e poshtme të fillojë të skuqet, më pas kthejeni.
f) Nxirrni fetat e patateve të ëmbla nga tigani dhe renditini sipër zarzavateve të gatuara paraprakisht.
g) Thyejmë dy vezë në tigan.
h) I rregullojmë me pak kripë dhe piper.
i) Shtoni vezët në fetat e patates së ëmbël të gatuar sipër.
j) Zbukuroni pjatën me zarzavate të rezervuara.

87. Rrëshqitës të gjelit me patate të ëmbël

PËRBËRËSIT:
- 4 shirita proshutë të tymosur me mollë, të grira hollë
- gjeldeti i bluar 1 kile
- ½ filxhan thërrime panko
- 2 vezë të mëdha
- ½ filxhan djathë parmixhano të grirë
- 4 lugë gjelle cilantro të freskët të copëtuar
- 1 lugë çaji borzilok të thatë
- ½ lugë çaji qimnon i bluar
- 1 lugë gjelle salcë soje
- 2 patate të ëmbla të mëdha
- Djathë Colby-Monterey Jack i grirë

UDHËZIME:
a) Në një tigan të madh, gatuajeni proshutën në nxehtësi mesatare derisa të jetë e freskët; kullojeni në peshqir letre. Hidhni të gjitha, përveç 2 lugë gjelle me pika. Lëreni mënjanë tiganin. Kombinoni proshutën me 8 përbërësit e ardhshëm derisa të përzihen mirë; mbulojeni dhe vendoseni në frigorifer për të paktën 30 minuta.

b) Ngroheni furrën në 425°. Pritini patatet e ëmbla në 20 feta rreth ½ inç të trasha. Vendosni feta në një fletë pjekjeje të pa yndyrë; piqni derisa patatet e ëmbla të jenë të buta, por jo të skuqura, 30-35 minuta. Hiqni feta; ftohtë në një raft teli.

c) Nxehni tiganin me pikime të rezervuara mbi nxehtësinë mesatare-të lartë. Formoni përzierjen e gjelit të detit në peta me madhësi rrëshqitëse. Gatuani rrëshqitësit në tufa, 3-4 minuta nga secila anë, duke u kujdesur që tigani të mos mbushet. Shtoni një majë çedar të grirë pasi të rrokullisni çdo rrëshqitës herën e parë. Gatuani derisa termometri të tregojë 165° dhe lëngjet të jenë të qarta.

d) Për të shërbyer, vendosni çdo rrëshqitës në një fetë patate të ëmbël; lyej me mjaltë mustardë Dijon. Mbulojeni me një fetë të dytë patate të ëmbël.

e) Shponi me një kruese dhëmbësh.

88. Tacos Tinga me patate dhe karrota të ëmbla

PËRBËRËSIT:
- ¼ filxhan Ujë
- 1 filxhan qepë të bardhë të prerë hollë
- 3 thelpinj hudhre, te grira
- 2 ½ gota patate e ëmbël e grirë
- 1 filxhan karotë të grirë
- 1 kanaçe (14 ons) domate të prera në kubikë
- 1 lugë çaji rigon meksikan
- 2 speca Chipotle në adobo
- ½ filxhan lëng perimesh
- 1 avokado, e prerë në feta
- 8 Tortillas

UDHËZIME:
a) Në një tigan të madh në zjarr mesatar, shtoni ujin dhe qepën dhe gatuajeni për 3-4 minuta, derisa qepa të jetë e tejdukshme dhe e butë. Shtoni hudhrën dhe vazhdoni të gatuani duke e trazuar për 1 minutë.

b) Shtoni në tigan pataten e ëmbël dhe karotën dhe gatuajeni për 5 minuta duke i përzier shpesh.

Salca:
c) Vendosni domatet e prera në kubikë, lëngun e perimeve, rigonin dhe specat çipotle në blender dhe përpunoni derisa të jenë të lëmuara.

d) Shtoni në tigan salcën e domates dhe skuqeni për 10-12 minuta, duke i përzier herë pas here, derisa patatet e ëmbla dhe karotat të jenë gatuar. Nëse është e nevojshme, shtoni më shumë lëng perimesh në tigan.

e) Shërbejeni mbi tortilla të ngrohta dhe sipër me feta avokadoje.

89.Qofte me thjerrëza dhe oriz

PËRBËRËSIT:
- ¾ filxhan Thjerrëzat
- 1 Patate e embel
- 10 Gjethet e freskëta të spinaqit
- 1 filxhan Kërpudha të freskëta, të copëtuara
- ¾ filxhan miell bajamesh
- 1 lugë çaji Tarragon
- 1 lugë çaji Hudhra pluhur
- 1 lugë çaji Thekon majdanoz
- ¾ filxhan Oriz me kokërr të gjatë

UDHËZIME:
a) Gatuani orizin derisa të gatuhet dhe të ngjitet pak dhe thjerrëzat derisa të zbuten. Ftoheni pak.

b) Grini imët një patate të qëruar dhe gatuajeni derisa të jetë e butë. Ftoheni pak.

c) Gjethet e spinaqit duhet të shpëlahen dhe të grihen imët.

d) Përziejini të gjithë përbërësit dhe erëzat duke shtuar kripë dhe piper për shije.

e) Ftoheni në frigorifer për 15-30 min.

f) I formojmë qofte dhe i kaurdisim në tigan ose në grill me perime.

g) Sigurohuni që të lyeni me yndyrë ose të spërkatni një tavë me Pam pasi këto qofte do të priren të ngjiten.

90.Tavë me patate të ëmbël marshmallow

PËRBËRËSIT:
- 4 ½ paund patate të ëmbla
- 1 filxhan sheqer të grimcuar
- ½ filxhan gjalpë vegan i zbutur
- ¼ filxhan qumësht me bazë bimore
- 1 lugë çaji ekstrakt vanilje
- ¼ lugë çaji kripë
- 1 ¼ filxhan kornflakes drithëra, të grimcuara
- ¼ filxhan pecans të copëtuar
- 1 lugë gjelle sheqer kaf
- 1 lugë gjelle gjalpë vegan, i shkrirë
- 1½ filxhan marshmallow miniaturë

UDHËZIME:
a) Ngroheni furrën në 425 gradë Fahrenheit.
b) Pjekni patatet e ëmbla për 1 orë ose derisa të zbuten.
c) Pritini patatet e ëmbla në gjysmë dhe hiqni të brendshmet në një pjatë për përzierje.
d) Duke përdorur një mikser elektrik, rrihni purenë e patateve të ëmbla, sheqerin e grimcuar dhe 5 përbërësit e mëposhtëm derisa të jenë të lëmuara.
e) Hidhni me lugë përzierjen e patates në një enë pjekjeje 11 x 7 inç që është lyer me yndyrë.
f) Në një tas, kombinoni drithërat e misrit dhe tre përbërësit e tjerë.
g) Spërkateni në rreshta diagonale 2 inç larg njëra-tjetrës mbi enë.
h) Piqeni për 30 minuta .
i) Në mes të rreshtave të conflakes, spërkatni marshmallows; piqni për 10 minuta.

91.Tavë me patate të ëmbla Cornflake

PËRBËRËSIT:
- 2 vezë
- 3 gota pure patate të ëmbla
- 1 filxhan sheqer
- ½ filxhan gjalpë, i shkrirë
- ⅓ filxhan qumësht
- 1 lugë çaji ekstrakt vanilje

MBULIMI:
- 3 gota kornfleks
- ⅔ filxhan gjalpë, i shkrirë
- 1 filxhan sheqer kaf të paketuar
- ½ filxhan arra të copëtuara
- ½ filxhan rrush të thatë

UDHËZIME:
a) Rrihni vezët në një tas të madh, më pas vendosni 5 përbërësit e ardhshëm dhe përzieni mirë.

b) Hidheni në një enë pjekjeje të palyer 13"x9". Përziejini përbërësit e sipërme dhe spërkatni sipër patateve.

c) Piqeni në 350 gradë për rreth 30 deri në 40 minuta.

92.Fasule, bukë meli me patate të ëmbla

PËRBËRËSIT:
- 1 filxhan kërpudha të copëtuara
- 1 lugë gjelle vaj
- 1 filxhan patate të ëmbla të prera në kubikë
- Ujë, nëse është e nevojshme
- ½ filxhan tofu të mëndafshtë
- 2 lugë salsa (opsionale)
- 2 lugë niseshte patate
- Kanaçe 15 ons me fasule të kuqe, të kulluara dhe të shpëlarë
- ½ filxhan meli të gatuar
- 1 filxhan bukë thekre, e prerë në kubikë të vegjël
- ½ filxhan misër i ngrirë ose misër i shkrirë i freskët nga kalli
- 1 lugë çaji rozmarinë e grirë
- ½ lugë çaji kripë
- ½ filxhan arra të thekura, të grira hollë, çdo llojllojshmëri (opsionale)

UDHËZIME:
a) Nxehni një tigan të rëndë mbi nxehtësinë mesatare-të lartë. Shtoni kërpudhat dhe skuqini derisa të lëshojnë lëngjet e tyre. Zvogëloni nxehtësinë.

b) Shtoni vajin dhe patatet e ëmbla, mbulojeni dhe ziejini derisa patatet e ëmbla të jenë të buta.

c) Shtoni pak ujë, nëse është e nevojshme, që patatet të mos ngjiten. Kur patatet dhe kërpudhat të jenë gati, hiqni përafërsisht një ½ filxhan dhe kombinoni me tofu, salsa dhe niseshte patate. Përziejini mirë. Le menjane.

d) Ngroheni furrën në 350 gradë. Tavën e pjekjes e shtrojmë me letër furre. Në një tas të madh përzierjeje, kombinoni fasulet e kuqe, melin dhe bukën e thekrës dhe grijini së bashku derisa të përzihen.

e) Përzieni përzierjen e tofu-s, misrin, rozmarinën, kripën dhe arrat.

f) Përziejini mirë. Përhapeni gjysmën e kësaj përzierje në tepsi.

g) Vendosni kërpudhat e mbetura dhe patatet e ëmbla mbi shtresë dhe më pas shpërndani sipër përzierjen e mbetur të fasuleve dhe melit. Përkuluni poshtë. Piqeni për 45 minuta.

h) Hiqeni nga furra dhe kthejeni në një raft ftohës që të ftohet.

93. Gnocchi me patate të ëmbël me Pesto raketë

PËRBËRËSIT:
- 2 patate të ëmbla të mëdha, të pjekura dhe të qëruara
- 2 gota miell për të gjitha përdorimet, plus shtesë për pluhurosje
- 1 lugë çaji kripë
- ½ lugë çaji piper i zi i bluar
- ¼ lugë çaji arrëmyshk i bluar
- 2 gota gjethe të freskëta rakete (rukole).
- ½ filxhan djathë parmixhano të grirë
- ¼ filxhan arra pishe
- 2 thelpinj hudhre, te grira
- ½ filxhan vaj ulliri ekstra të virgjër
- Kripë dhe piper për shije

UDHËZIME:
a) Në një tas të madh, grini patatet e ëmbla të pjekura derisa të jenë të lëmuara.

b) Në një tas të veçantë, bashkoni miellin për të gjitha përdorimet, kripën, piperin e zi të bluar dhe arrëmyshkun e bluar.

c) Gradualisht, përzierjen e miellit e shtoni tek pureja e patateve të ëmbla, duke e përzier mirë derisa të krijohet një brumë i butë. Nëse brumi është shumë ngjitës, shtoni edhe pak miell.

d) Transferoni brumin në një sipërfaqe të lyer pak me miell dhe gatuajeni butësisht për disa minuta derisa të jetë e qetë.

e) Ndani brumin në pjesë të vogla. Rrokullisni secilën pjesë në një formë litari, rreth ½ inç në diametër.

f) Pritini litarët në copa të vogla, rreth 1 inç të gjatë, për të formuar njokit. Përdorni një pirun për të bërë kreshta në secilën pjesë nëse dëshironi.

g) Sillni një tenxhere të madhe me ujë të kripur të vlojë. Shtoni njokët e patates së ëmbël dhe gatuajeni derisa të dalin në sipërfaqe. Kjo duhet të zgjasë rreth 2-3 minuta. Njokit i heqim me një lugë të prerë dhe i lëmë mënjanë.

h) Në një përpunues ushqimi, kombinoni gjethet e freskëta të raketës, djathin parmixhano të grirë, arrat e pishës, hudhrën e grirë dhe vajin e ullirit ekstra të virgjër. Përpunoni derisa përzierja të formojë një pesto të lëmuar. I rregullojmë me kripë dhe piper sipas shijes.

i) Në një tigan të madh, ngrohni pak vaj ulliri mbi nxehtësinë mesatare. Shtoni njokët e patateve të ëmbla të gatuara dhe i hidhni në tigan derisa të lyhen mirë dhe të ngrohen.

j) Shërbejeni njokun me patate të ëmbla me Pesto raketë, duke e spërkatur peston mbi njokit ose duke e shërbyer anash. Shijoni kombinimin e shijshëm të njokut të patates së ëmbël dhe pestos aromatike rakete.

94. Gnocchi me gështenjë dhe patate të ëmbël

PËRBËRËSIT:
GNOCCHI
- 1 + ½ filxhan patate të ëmbël të pjekur
- ½ filxhan miell gështenja
- ½ filxhan rikota me qumësht të plotë
- 2 lugë çaji kripë kosher
- ½ filxhan miell pa gluten
- Piper i bardhë për shije
- Paprika e tymosur për shije

RAGU KËRPUDHA DHE GËSHTENJA
- 1 filxhan kërpudha butona, të prera në 4
- 2-3 kërpudha portobello, të prera në rripa të imta
- 1 tabaka me kërpudha shimeji (të bardha ose kafe)
- ⅓ filxhan gështenjë, të prerë në kubikë
- 2 lugë gjelle gjalpë
- 2 qepe, të grira hollë
- 2 thelpinj hudhre, te grira holle
- 1 lugë çaji pastë domate
- Verë e bardhë (për shije)
- Kripë Kosher (për shije)
- 2 lugë Sherebelë të freskët, të grirë hollë
- Majdanoz për shije

TE MBAROJ
- 2 lugë gjelle vaj ulliri
- Djathë parmixhano (për shije)

UDHËZIME:
GNOCCHI
a) Ngroheni furrën në 380 gradë.
b) Shponi patatet e ëmbla gjithandej me një pirun.
c) Vendosni patatet e ëmbla në një fletë pjekjeje të mbyllur dhe skuqini për rreth 30 minuta, ose derisa të zbuten. Lëreni të ftohet pak.
d) Qëroni patatet e ëmbla dhe transferojini në një përpunues ushqimi. Pure deri sa të jetë e qetë.

e) Në një tas të madh, bashkoni përbërësit dr (miell gështenja, kripë, miell pa gluten, piper të bardhë dhe paprika të tymosur) dhe mbajini anash.

f) Transferoni purenë e patates së ëmbël në një tas të madh. Shtoni në të rikotën dhe shtoni ¾ të përzierjes së tharë. Transferoni brumin në një sipërfaqe pune të lyer me miell dhe gatuajeni butësisht më shumë miell derisa brumi të bashkohet por të jetë ende shumë i butë.

g) Ndani brumin në 6-8 pjesë dhe rrokullisni secilën pjesë në një litar 1 inç të trashë.

h) Pritini litarët në gjatësi 1 inç dhe pluhurosni secilën pjesë me miell pa gluten.

i) Rrokullisni çdo njoki kundër majave të një piruni të lyer me miell për të bërë dhëmbëza të vogla.

j) Mbajeni në një tabaka në ftohës derisa të jeni gati për ta përdorur.

RAGU KËRPUDHA DHE GËSHTENJA

k) Në një tigan të nxehtë shkrini gjalpin dhe shtoni pak kripë.

l) Shtoni qepujt, hudhrat dhe sherebelën dhe skuqini për 10 minuta derisa qepujt të jenë të tejdukshme.

m) Shtoni të gjitha kërpudhat dhe skuqini në zjarr të fortë duke i përzier vazhdimisht.

n) Shtoni pastën e domates dhe verën e bardhë dhe lërini të pakësohen derisa kërpudhat të jenë të buta dhe të buta.

o) Sipër ragu me majdanoz të freskët të grirë dhe gështenja të prera në kubikë. Le menjane.

TE MBAROJ

p) Sillni një tenxhere të madhe me ujë të kripur të vlojë. Shtoni njokët e patates së ëmbël dhe gatuajeni derisa të dalin në sipërfaqe, rreth 3-4 minuta.

q) Me anë të një luge me vrima, kalojmë njokët në një pjatë të madhe. Përsëriteni me njokitë e mbetura.

r) Shkrini 2 lugë vaj ulliri në një tigan të madh.

s) Shtoni njokët duke i trazuar lehtë derisa njokët të karamelizohen.

t) Shtoni kërpudhat Ragu dhe shtoni disa lugë nga uji i njokit.

u) E trazojmë lehtë dhe e lëmë të piqet për 2-3 minuta në zjarr të lartë.

v) Shërbejeni sipër me një spërkatje me djathë parmixhano.

95.Gnocchi me patate dhe karrota

PËRBËRËSIT:
- 1 patate e ëmbël e madhe, e pjekur dhe e qëruar
- 1 karotë e madhe, e gatuar dhe e qëruar
- 2 gota miell për të gjitha përdorimet, plus shtesë për pluhurosje
- ½ lugë çaji kripë
- ¼ lugë çaji kanellë të bluar
- ¼ lugë çaji arrëmyshk i bluar
- ¼ lugë çaji xhenxhefil të bluar
- Gjalpë ose vaj ulliri për gatim
- Gjethet e freskëta të sherebelës për zbukurim

UDHËZIME:
a) Në një tas të madh, grijeni pataten e ëmbël të pjekur dhe karotën e gatuar derisa të jenë të lëmuara.
b) Në një tas të veçantë, kombinoni miellin për të gjitha përdorimet, kripën, kanellën e bluar, arrëmyshkun e bluar dhe xhenxhefilin e bluar.
c) Gradualisht, përzierjen e miellit e shtoni tek pureja e patates së ëmbël dhe karrotave, duke i përzier mirë derisa të formohet një brumë i butë. Nëse brumi është shumë ngjitës, shtoni edhe pak miell.
d) Transferoni brumin në një sipërfaqe të lyer pak me miell dhe gatuajeni butësisht për disa minuta derisa të jetë e qetë.
e) Ndani brumin në pjesë të vogla. Rrokullisni secilën pjesë në një formë litari, rreth ½ inç në diametër.
f) Pritini litarët në copa të vogla, rreth 1 inç të gjatë, për të formuar njokit. Përdorni një pirun për të bërë kreshta në secilën pjesë nëse dëshironi.
g) Sillni një tenxhere të madhe me ujë të kripur të vlojë. Shtoni njokët e patateve të ëmbla dhe karotave dhe i gatuani derisa të dalin në sipërfaqe. Kjo duhet të zgjasë rreth 2-3 minuta. Njokit i heqim me një lugë të prerë dhe i lëmë mënjanë.
h) Në një tigan të veçantë, ngrohni pak gjalpë ose vaj ulliri mbi nxehtësinë mesatare. Shtoni patatet e ëmbla të gatuara dhe njokët e karotave dhe i kaurdisni derisa të skuqen lehtë dhe të bëhen krokante.

i) Zbukuroni Gnocchi-t me patate të ëmbla dhe karrota me gjethe të freskëta sherebele përpara se ta shërbeni.

Angjinarja e Jeruzalemit

96. Karpaçio vegjetariane

PËRBËRËSIT:
- 3 panxhar në ngjyra të ndryshme; rozë, të verdhë dhe të bardhë
- 2 karota me ngjyra të ndryshme; të verdhë dhe vjollcë
- 2 Angjinare të Jeruzalemit
- 4 rrepka
- 1 rrepë
- ¼ filxhan vaj ulliri
- 4 lugë gjelle uthull vere
- 1 fetë bukë, e prerë në kubikë
- 2 lugë arra pishe
- 1 lugë fara kungulli
- 2 luge vaj arre
- 1 grusht marule
- kripë deti
- piper i zi i sapo bluar

UDHËZIME :
a) Lani të gjitha perimet. Pritini në feta shumë të holla duke përdorur një mandolinë.
b) Vendoseni në një enë, derdhni uthullën dhe vajin e ullirit dhe përzieni butësisht me gishta.
c) Lëreni të qëndrojë për një orë.
d) Pjekim bukën me arrat e pishës dhe farat e kungujve në një tigan të thatë, duke e përzier vazhdimisht.
e) Rregulloni perimet në një pjatë dhe zbukurojini me krutona dhe fara.
f) Spërkateni me vaj arra, kripë dhe piper.
g) Dekoroni me gjethe marule.

97. Angjinarja e Jeruzalemit me shegë

PËRBËRËSIT:
- 500 gr angjinare të Jeruzalemit
- 3 lugë vaj ulliri ekstra të virgjër
- 1 lugë çaji fara nigella
- 2 lugë arra pishe
- 1 lugë mjaltë
- 1 shegë e përgjysmuar nga gjatësia
- 3 luge gjelle melase shege
- 3 lugë gjelle feta, e grirë
- 2 lugë majdanoz me gjethe të sheshta, të grira
- Kripë dhe piper të zi

UDHËZIME:
a) Ngrohni furrën në 200C/400F/gaz shenjën 6. I pastroni mirë angjinaret dhe më pas i përgjysmoni ose i përgjysmoni në varësi të madhësisë. I vendosim në një tepsi të madhe në një shtresë dhe i spërkasim me 2 lugë vaj. I rregullojmë mirë me kripë dhe piper dhe më pas i spërkasim me farat e nigellës. Piqini për 20 minuta ose derisa të jenë të freskëta rreth skajeve. Shtoni arrat e pishës dhe mjaltin tek angjinaret për 4 minutat e fundit të zierjes.

b) Ndërkohë qërojmë kokrrat e shegës. Duke përdorur një tas të madh dhe një lugë të rëndë druri, goditni anën e çdo shege të përgjysmuar derisa të gjitha farat të kenë dalë jashtë. Hiqni çdo gropë. Hidhni lëngun në një tas të vogël dhe shtoni shurupin e shegës dhe vajin e mbetur të ullirit. I trazojmë së bashku derisa të bashkohen.

c) Kur angjinaret dhe arrat e pishës janë gati, vendosini me lugë në një pjatë servirjeje me farat e spërkatura. Hidhni dressing-un mbi të gjitha dhe përfundoni me një spërkatje me feta dhe majdanoz për ta shërbyer.

98.Koktej Angjinarja Cilantro

PËRBËRËSIT:

- 4 Angjinare të Jeruzalemit
- 1 tufë cilantro e freskët, rreth 1 filxhan
- 4 rrepka të mëdha, me bisht dhe të prera
- 3 ca rrota mesatare, të prera

UDHËZIME:

a) Përpunoni angjinaret e Jerusalemit, një nga një, përmes shtrydhëses tuaj elektronike sipas udhëzimeve të prodhuesit.
b) Rrokullisni cilantron në një top për ta ngjeshur dhe shtoni.
c) Shtoni rrepkat dhe karotat.
d) Lëngun e përziejmë mirë që të bashkohet dhe e shërbejmë mbi akull sipas dëshirës.

99. Pulë e pjekur me Angjinarja e Jerusalemit

PËRBËRËSIT :

- 1 lb / 450 g angjinare Jerusalemi, të qëruara dhe të prera për së gjati në 6 pykë ⅔ inç / 1,5 cm të trasha
- 3 lugë gjelle lëng limoni të freskët të shtrydhur
- 8 kofshë pule me lëkurë, me kocka ose 1 pulë mesatare të plotë, të prera në katër pjesë
- 12 banane ose qepe të tjera të mëdha, të përgjysmuara për së gjati
- 12 thelpinj të mëdhenj hudhër, të prera në feta
- 1 limon mesatar, i përgjysmuar për së gjati dhe më pas i prerë në feta shumë të holla
- 1 lugë fije shafrani
- 3½ lugë gjelle / 50 ml vaj ulliri
- ¾ filxhan / 150 ml ujë të ftohtë
- 1¼ lugë gjelle kokrra piper rozë, të grimcuar lehtë
- ¼ filxhan / 10 g gjethe të freskëta trumze
- 1 filxhan / 40 g gjethe tarragon, të copëtuara
- 2 lugë kripë
- ½ lugë piper i zi i sapo bluar

UDHËZIME :

a) Hidhni angjinaret e Jeruzalemit në një tenxhere mesatare, mbulojini me ujë të bollshëm dhe shtoni gjysmën e lëngut të limonit. Lëreni të vlojë, ulni zjarrin dhe ziejini për 10 deri në 20 minuta, derisa të zbuten, por jo të buta. Kullojeni dhe lëreni të ftohet.

b) Vendosni angjinaret e Jeruzalemit dhe të gjithë përbërësit e mbetur, duke përjashtuar lëngun e mbetur të limonit dhe gjysmën e tarragonit, në një tas të madh përzierjeje dhe përdorni duart tuaja për të përzier mirë gjithçka. Mbulojeni dhe lëreni të marinohet në frigorifer gjatë natës, ose për të paktën 2 orë.

c) Ngrohni furrën në 475°F / 240°C. Vendosni copat e pulës, me anën e lëkurës lart, në qendër të një tave për pjekje dhe shpërndani përbërësit e mbetur rreth pulës. Pjekim për 30 minuta. Mbulojeni tavën me letër alumini dhe gatuajeni edhe për 15 minuta të tjera. Në këtë moment, mishi i pulës duhet të gatuhet plotësisht. Hiqeni nga furra dhe shtoni tarragonin e rezervuar dhe lëngun e limonit.

Përziejini mirë, shijoni dhe shtoni më shumë kripë nëse është e nevojshme. Shërbejeni menjëherë.

100. Lasagna me spinaq dhe patate të ëmbla

PËRBËRËSIT:
- 2 deri në 3 patate të ëmbla të mëdha (rreth 2 paund), të qëruara dhe të prera në rrumbullakët ½ inç
- 2 koka të mëdha lulelakër, të prera në lule
- ¼ filxhan arra pishe, të thekura
- Qumësht bajamesh i thjeshtë i pa ëmbëlsuar, sipas nevojës
- 3 lugë maja ushqyese, sipas dëshirës
- ½ lugë çaji arrëmyshk
- 1½ lugë çaji kripë
- 1 qepë e verdhë e madhe, e qëruar dhe e prerë në kubikë të vegjël
- 4 thelpinj hudhra, të qëruara dhe të grira
- 1 lugë trumzë e grirë
- ½ filxhan borzilok i grire holle
- 12 gota spinaq (rreth 2 paund)
- Kripë dhe piper i zi i sapo bluar për shije
- 12 ons petë lazanja me grurë të plotë ose angjinarja Jerusalemi me miell, të gatuara sipas udhëzimeve të paketimit, të kulluara dhe të shpëlarë derisa të ftohet

UDHËZIME:
a) Vendosni patatet e ëmbla në një kazan të dyfishtë ose kosh me avull dhe ziejini me avull për 6 minuta, ose derisa të zbuten, por jo të skuqen. Shpëlajeni derisa të ftohet, më pas kullojeni dhe lëreni mënjanë.

b) Ziejeni lulelakrën për 6 deri në 8 minuta derisa të zbutet shumë. Kombinoni lulelakrën dhe arrat e pishës në një blender, në tufa nëse është e nevojshme dhe bëjeni pure derisa të jetë e butë dhe kremoze, duke shtuar qumësht bajame nëse është e nevojshme. Shtoni purenë në një tas të madh dhe përzieni majanë ushqyese (nëse përdorni), arrëmyshkun dhe kripën. Le menjane.

c) Vendosim qepën në një tigan të madh dhe kaurdisim në zjarr mesatar për 10 minuta. Shtoni ujë 1 deri në 2 lugë gjelle në të njëjtën kohë që të mos ngjitet në tigan.

d) Shtoni hudhrën, trumzën, borzilokun dhe spinaqin dhe gatuajeni për 4 deri në 5 minuta, ose derisa spinaqi të thahet. Shtoni në purenë e lulelakrës dhe përzieni mirë. I rregullojmë me kripë dhe piper shtesë.

e) Ngrohni furrën në 350°F.

f) Për të montuar lazanjat, derdhni 1 filxhan me përzierjen e lulelakrës në fund të një enë pjekjeje 9 × 13 inç. Shtoni një shtresë petë lazanja. Sipër petëve vendosni një shtresë me patate të ëmbla.

g) Hidhni 1½ filxhan me përzierjen e lulelakrës mbi patatet e ëmbla. Hidhni sipër një shtresë tjetër petë, e më pas një shtresë me patate të ëmbla.

h) Shtoni një shtresë tjetër të përzierjes së lulelakrës. Hidhni sipër një shtresë të fundit petë dhe salcën e mbetur të lulelakrës. E mbulojmë me letër alumini dhe e pjekim për 30 minuta.

i) Zbulojeni dhe piqini për 15 minuta të tjera, ose derisa tava të jetë e nxehtë dhe me flluska. Lëreni të qëndrojë për 15 minuta përpara se ta shërbeni.

PËRFUNDIM

Ndërsa përfundojmë udhëtimin tonë të kuzhinës përmes "LIBRI I GATIMEVE ME RRËNJË PERIMET", shpresojmë që të keni përjetuar gëzimin e zotërimit të artit të kuzhinës me perime rrënjë. Çdo recetë brenda këtyre faqeve është një festë e shijeve tokësore, pasurisë ushqyese dhe shkathtësisë së kuzhinës që perimet me rrënjë sjellin në tryezën tuaj – një dëshmi e mundësive të kuzhinës që ndodhen nën sipërfaqe.

Pavarësisht nëse keni shijuar thjeshtësinë e perimeve me rrënjë të pjekura, keni përqafuar kreativitetin e pjatave inovative ose keni eksploruar përfitimet ushqyese të rrënjëve të ndryshme, ne besojmë se këto receta ju kanë ndezur pasionin për gatimin me perime me rrënjë. Përtej përbërësve dhe teknikave, koncepti i zotërimit të kuzhinës me perime rrënjë mund të bëhet një burim frymëzimi, kreativiteti dhe një festë e bujarisë së natyrës.

Ndërsa vazhdoni të eksploroni potencialin e kuzhinës së perimeve me rrënjë, "LIBRI I GATIMEVE ME RRËNJË PERIMET" mund të jetë shoqëruesi juaj i besuar, duke ju udhëhequr nëpër një sërë recetash që tregojnë pasurinë dhe shkathtësinë e këtyre thesareve nëntokësore. Këtu duhet të shijoni mirësinë tokësore, të krijoni ushqime të shijshme dhe të festoni rolin thelbësor të perimeve me rrënjë në repertorin tuaj të kuzhinës.

TË BËFTË MIRË!

www.ingramcontent.com/pod-product-compliance
Lightning Source LLC
Chambersburg PA
CBHW071318110526
44591CB00010B/943